Kristin Neff

Selbstmitgefühl

Schritt für Schritt

Aus dem Amerikanischen von Mike Kauschke

Gesprochen und bearbeitet

von Christine Brähler & Lienhard Valentin

Arbor Verlag
Freiburg im Breisgau

arbor

Die Originalausgabe erschien unter dem Titel:
Self-Compassion Step by Step

2. Auflage der Neuauflage 2022
Autorenschaft: Neff, Kristin, ISNI 1 0767 0355, Brähler, Christine, ISNI 447972552, Valentin, Lienhard, ISNI 12793782.

Titelfoto: © alexsvirid/shutterstock.com
Lektorat: Lothar Scholl-Röse und Dirk Henn
Druck und Bindung: Memminger MedienCentrum Druckerei und Verlags-AG
Hergestellt von mediengenossen.de

Dieses Buch wurde auf 100% Altpapier gedruckt und ist alterungsbeständig.
Weitere Informationen über unser Umweltengagement finden Sie unter
www.arbor-verlag.de/umwelt

www.arbor-verlag.de

ISBN 978-3-86781-399-0

Informationen zur Produktsicherheit können Sie erfragen unter gpsr@arbor-verlag.de
Arbor Verlag GmbH, Lienhard Valentin, Alice-Salomon-Str. 4, 79111 Freiburg

Inhalt

Vorwort zur deutschen Ausgabe

Willkommen zu *Selbstmitgefühl – Schritt für Schritt*.

Kristin Neff stellt uns mit diesem Programm die grundlegenden Übungen und Meditationen zur Verfügung, die sie in ihrer jahrzehntelangen Praxis entwickelt hat.

Sie finden die Meditationen und Übungen online unter *www.arbor-verlag.de/neff/s-sfs* Geben Sie dort den Buchcode **sp4q29** ein. Das Buch selbst erläutert in kompakter Form die wesentlichen Zusammenhänge und den Hintergrund ihrer Arbeit und gibt Orientierungen für die Praxis selbst, so dass Sie die Praxis des Selbstmitgefühls Schritt für Schritt in Ihr alltägliches Leben integrieren können.

Es bietet sich an, das jeweilige Kapitel des Buches und die geführten Übungen parallel durchzuarbeiten. Nehmen Sie sich hierbei die Zeit und den Raum, die Übungen so oft auszuführen, wie Sie mögen, bevor Sie zum nächsten Kapitel weitergehen.

Sie können zu den Übungen, die Sie besonders ansprechen, natürlich immer wieder zurückkehren und die Praxis auf diese Weise ganz an Ihre Bedürfnisse anpassen und sich zu eigen machen.

In diesem Sinne hoffen wir, dass dieses Programm zu einem wertvollen Begleiter durch die Turbulenzen Ihres Lebens wird und Sie dabei unterstützt, Freundschaft mit sich selbst zu schließen.

LIENHARD VALENTIN (Herausgeber)

1 Was ist Selbstmitgefühl?

Die Elemente des Selbstmitgefühls

Warum ist es für uns so selbstverständlich, mit den Menschen, die uns wichtig sind, mitfühlend und fürsorglich zu sein, aber so schwer, mit uns selbst genauso umzugehen?

Unsere Kultur lehrt uns, Selbstkritik zu nutzen, um uns selbst zu motivieren, und Selbstwertgefühl zu entwickeln, indem wir uns mit anderen vergleichen. Wir müssen die grundlegende Fähigkeit, uns selbst zu bestärken und zu unterstützen, wieder neu erlernen.

Im Jahre 1997 hörte ich zum ersten Mal von der Idee des Selbstmitgefühls. Es war eine schwierige Zeit in meinem Leben: Ich beendete gerade meine Promotion an der Universität von Berkeley in Kalifornien. Ich machte mir viele Sorgen und stand unter Stress. Ein Grund war die Unsicherheit, ob ich meine Doktorarbeit erfolgreich abschliessen und danach eine Arbeit finden würde. Zu dieser Zeit lebte ich in Trennung, was für meinen Exmann sehr schwer war. Und ich hatte eine neue Beziehung begonnen mit einem Mann, den ich in Indien kennengelernt hatte. Es war noch unklar, wie sich diese Beziehung entwickeln würde. In dieser Situation dachte ich, es könnte mir helfen, wenn ich Meditation praktizierte. Deshalb ging ich zu einer buddhistischen Meditationsgruppe in Berkeley. Am ersten Abend sprach die Leiterin der Meditationsgruppe darüber, wie wichtig es sei, nicht nur Mitgefühl für andere Menschen zu empfinden, sondern auch für uns selbst. Mir ging ein Licht auf: „Wie bitte? Es ist mir erlaubt, zu mir selbst freundlich zu sein? Sollten wir nicht nur Mitgefühl mit anderen haben und mit uns selbst hart ins Gericht gehen?"

Es war ein faszinierender Moment, denn ich erkannte, dass ich genau das in meinem Leben brauchte. Genau solch eine Haltung war nötig, um durch diese schwierige Phase meines Lebens zu gehen. Es dauerte eine Weile, bis ich das Meditieren erlernt hatte. Aber sofort, nachdem ich verstanden hatte, dass Selbstmitgefühl eine wichtige Haltung mir selbst gegenüber war, wandelte sich etwas in mir.

Seit dieser Zeit ist mein Interesse an Selbstmitgefühl immer lebendig geblieben. Rupert, mit dem ich damals eine Beziehung begonnen hatte und der heute mein zweiter Ehemann ist, war ebenso fasziniert von der Idee des Selbstmitgefühls, so dass wir es in unser Eheversprechen aufnahmen. Wir versprachen uns, einander zu helfen, Mitgefühl für uns selbst zu entwickeln. Denn wir wussten, wenn wir uns selbst mit mehr Mitgefühl begegnen, dann haben wir mehr Raum in unseren Herzen, um einander Liebe zu schenken.

Was ist Selbstmitgefühl?

Ich beginne meine Ausführungen über Selbstmitgefühl gern mit der Beschreibung einer bekannteren Erfahrung: das Mitgefühl für andere.

Meiner Ansicht nach besteht kein Unterschied zwischen dem Mitgefühl für uns selbst und dem Mitgefühl für andere Menschen. Oft schließen wir uns selbst aber aus dem Umkreis des Mitgefühls aus. Was geschieht, wenn wir Mitgefühl für einen anderen Menschen empfinden?

Aus welchen Elementen besteht diese mitfühlende Erfahrung?

Als Erstes müssen wir erkennen, dass Leiden anwesend ist. Nehmen wir einmal an, Sie gehen auf Ihrem Weg zur Arbeit eine Straße entlang. Und auf dem Gehweg sitzt eine obdachlose Frau, der es offensichtlich nicht gut geht. An vielen Tagen gehen Sie vielleicht einfach vorbei und bemerken sie nicht einmal, weil Sie in Eile sind. Aber eines Tages bemerken Sie die Frau und sehen, dass sie verwahrlost und unglücklich aussieht. Wenn Sie der Anblick nicht irritiert, sondern Mitgefühl auslöst, dann wird sich als Reaktion auf diese Erfahrung Ihr Herz öffnen. Sie spüren in sich eine emotionale Antwort auf ihren Schmerz: „Die Ärmste, sie hat wirklich ein schweres Schicksal, ich frage mich, wie sie in diese Lage gekommen ist."

Mitgefühl hat noch ein weiteres wichtiges Element, das wir nicht übersehen sollten: die Wertschätzung unseres gemeinsamen Menschseins und die Erkenntnis, dass dazu auch unsere Verletzlichkeit gehört. Wir empfinden kein Mitleid und schauen nicht auf die Frau herab. Stattdessen erinnern wir uns daran, dass sich jeder von uns in solch einer Situation wiederfinden könnte.

In meiner Definition von Selbstmitgefühl benutze ich die drei Elemente:

1 Das erste, offensichtlichste Element ist die *Freundlichkeit als emotionale Antwort auf unser eigenes Leiden*. Doch leider sind die meisten von uns nicht freundlich mit sich selbst. Oft beurteilen wir uns selbst sehr kritisch und gehen grob mit uns selbst um. Wenn wir innehalten und bemerken, was wir zu uns selbst gesagt haben, als wir einen Fehler gemacht haben oder als wir in irgendeiner Weise gescheitert sind, dann können wir uns fragen: Würde ich das zu einem Freund sagen, der mir wichtig ist? Oder würde ich das zu einem Fremden sagen? Meistens ist die Antwort: nein. Wir gehen mit uns selbst gröber und verletzender um als mit jedem anderen Menschen in unserem Leben. Das führt nicht nur zu vielen schmerzhaften Erfahrungen, sondern nimmt uns auch eine wichtige innere Bewältigungsstrategie: unsere Fähigkeit, uns selbst Trost und Fürsorge zu geben. In einer Haltung der Selbstfreundlichkeit behandeln wir uns selbst aktiv mit Güte und Verständnis, statt uns selbst streng zu verurteilen. Wir behandeln uns selbst wie einen guten Freund. Wir sind da für uns selbst, wenn wir es brauchen.

2 Das zweite Element des Selbstmitgefühls ist *das Gefühl unserer gemeinsamen Menschlichkeit*. Wir erkennen, dass unsere Unvollkommenheit und die Tatsache, dass wir Fehler machen, scheitern und im Leben Leiden erfahren, Teil der gemeinsamen menschlichen Erfahrung sind, die wir alle erleben. Das ist wichtig, denn oft, wenn wir etwas an uns selbst bemerken, das wir nicht mögen, oder wenn in unserem Leben etwas Schwieriges geschieht, dann haben wir das Gefühl, dass etwas schiefgelaufen ist. Wir denken, hier ist irgendetwas nicht in Ordnung, denn so haben wir uns das Leben nicht vorgestellt. Aber natürlich ist es völlig in Ordnung, es ist normal, dass wir selbst unvollkommen sind und dass unser Leben unvollkommen ist. Wir alle teilen diese Grundwirklichkeit des Lebens. Wenn wir uns daran erinnern, dann fühlen wir uns mit anderen Menschen verbunden und sind nicht so isoliert. Diese Isolation ist eine weitverbreitete Erfahrung, wenn wir uns in irgendeiner Weise minderwertig fühlen.

3 Das dritte Element des Selbstmitgefühls ist *Achtsamkeit*. Was ist Achtsamkeit? Achtsamkeit bedeutet, dass wir uns schmerzvollen Emotionen zuwenden und bereit sind, mit diesen Emotionen zu verweilen, mit ihnen zu sein. Wir versuchen also nicht sofort, diese Gefühle irgendwie zu verändern. Diese Achtsamkeit brauchen wir, um zu bemerken, wann wir leiden. Wenn wir versuchen, unser Leiden zu vermeiden oder dagegen zu kämpfen und Widerstand zu leisten, dann können wir uns nicht dafür öffnen.

Es ist so, wie mit der Obdachlosen am Straßenrand: Wir müssen sie anschauen und ihren Schmerz sehen. Wichtig dabei ist, dass wir auch uns selbst mit solch einem mitfühlenden Blick betrachten können. Wir sollten den Schmerz aber andererseits auch nicht übertreiben oder eine dramatische Geschichte daraus machen und uns selbst einreden, wie schlimm alles ist.

Achtsamkeit sieht unsere Situation so, wie sie ist. Nicht besser und nicht schlechter. Vielleicht denken Sie: „Naja, mit meinem Leiden bin ich eigentlich gut in Verbindung, das ist nicht mein Problem." Aber ist das wirklich so? Wenn wir uns in der Rolle des Selbstkritikers verlieren, dann füllt uns diese Rolle oft vollkommen aus. Wir halten nicht inne, um den tiefen Schmerz zu bemerken, den wir uns selbst zufügen. Selbst wenn der Schmerz nicht durch unsere eigene Selbstkritik ausgelöst wird, sondern die Ursache z.B. ein Autounfall ist, gehen wir in einer solchen Situation meist sofort in den Modus der Problemlösung. Wir rufen alle möglichen Leute an und fragen um Rat, um herauszufinden, wie wir die Situation wieder in Ordnung bringen können. Statt erst einmal innezuhalten und uns zu sagen: „Oh, das ist eine wirklich schwierige Situation, die mich emotional tief bewegt." Wenn eine Freundin zu Ihnen kommen und Ihnen sagen würde, dass sie gerade ihr Auto zu Schrott gefahren hat, was würden Sie als Erstes tun? Sie würden Sie erst einmal in den Arm nehmen, nicht wahr? Unsere natürliche Reaktion auf andere Menschen besteht in der Regel darin, sie zu trösten, wenn sie einen Schmerz erfahren. Aber bei uns selbst tun wir das oft nicht. Der Grund dafür ist, dass wir nicht mit unserem eigenen Leiden verbunden sind.

Geführte Übung: Wie sich Selbstmitgefühl anfühlt

Nun möchte ich Sie durch eine Übung führen, durch die Sie erfahren können, wie sich Selbstmitgefühl anfühlt – und wie es sich anfühlt, wenn wir kein Selbstmitgefühl empfinden.

Nehmen Sie die Hände vor den Körper und ballen Sie ganz fest Ihre Fäuste. Halten Sie für einige Sekunden die Fäuste fest zusammengedrückt.

…

Wenn Ihre Fäuste so geballt sind, welche Gefühle steigen dabei in Ihnen auf? Was lösen die geballten Fäuste in Ihnen aus?

…

Lösen Sie nun die Fäuste und öffnen Sie die Hände mit den Handflächen nach oben.

…

Spüren Sie diese Haltung. Was verändert sich, was erfahren Sie jetzt?

…

Legen Sie dann eine Hand auf die andere und legen Sie sie auf Ihr Herz. Spüren Sie die Wärme Ihrer Hände. Welche Gefühle zeigen sich dabei?

…

Die erste Haltung, in der wir die Fäuste geballt haben, ist eine gute Metapher dafür, wie sich Selbstkritik anfühlt. Selbstkritik fühlt sich stressvoll, schmerzhaft, unangenehm, angespannt und eng an. Das ist unsere Haltung uns selbst gegenüber, wenn wir uns grob kritisieren. Wenn wir uns sozusagen mit diesen geballten Fäusten selbst schlagen.

Wenn wir unsere Hände öffnen, spüren die meisten Menschen eine große Erleichterung, eine gewisse Freiheit und Weite. Dies ist eine gute Metapher für Achtsamkeit, wobei alles so sein kann, wie es ist.

Wenn wir dann beide Hände zum Herzen nehmen, fühlt sich das wunderbar an: tröstend, warm, fürsorglich und zartlich. So fühlt es sich an, wenn wir mit uns selbst freundlich umgehen und uns selbst das geben, was wir wirklich wollen und zutiefst brauchen.

Wie Selbstkritik und Selbstmitgefühl auf den Körper wirken

Diese zwei Formen der Beziehung mit uns selbst – grobe Selbstkritik oder Selbstmitgefühl – haben auch unterschiedliche körperliche Wirkungen.

Selbstkritik aktiviert das System, das für die Verteidigung bei Bedrohungen verantwortlich ist. Dieses System befindet sich im Reptilienhirn, in der Amygdala, dem ältesten Teil unseres Gehirns, der uns auf gefährliche Situationen hinweist. Er veranlasst uns, in Reaktion auf eine Bedrohung zu fliehen oder zu kämpfen. Wenn dieses System aktiviert wird, dann werden Cortisol und Adrenalin freigesetzt und das sympathische Nervensystem wird angeregt. Es sendet uns die Botschaft: „Pass auf, es wird gefährlich, du musst wachsam sein!"

Evolutionär gesehen, war dieses System für unsere Anpassung an die Umwelt sehr wichtig, denn wenn uns ein Löwe verfolgt, dann sollten wir darauf vorbereitet sein, etwas zu tun, um überleben zu können. Heute werden wir allerdings meist nicht körperlich bedroht, sondern unser Selbstkonzept wird bedroht. Jedes Mal, wenn wir scheitern oder etwas in uns sehen, das wir nicht mögen, wird unser Selbstkonzept infrage gestellt. Und wir reagieren so, als würden wir selbst infrage gestellt. Das ist einer der Gründe, warum wir so grob mit uns selbst umgehen, denn wir wollen die Bedrohung loswerden. In einer irrationalen Annahme sehen wir unser unvollkommenes Selbst als diese Bedrohung.

Obwohl Selbstkritik schmerzvoll ist und zu Stress und Unglück führen kann, sollten wir uns selbst keine Vorwürfe machen, weil wir selbstkritisch sind. Denn dieses System zur Verteidigung bei Gefahren will uns Sicherheit geben. Wenn wir eigene Fehler sehen, dann gibt es einen Grund dafür, dass dieses System zur Abwehr von Gefahren aktiviert wird. Oft gibt es ein Problem, auf das wir reagieren müssen, denn wir wollen besser sein. Die Methode mag etwas unbeholfen sein, aber das Ziel der Selbstkritik ist es, uns Sicherheit zu geben. Doch dabei ist sie leider nicht besonders effektiv.

Es gibt noch ein weiteres System, das sich in unserer menschlichen Evolution entwickelt hat, um uns Sicherheit zu geben. Hierbei handelt es sich um das System, das bei Säugetieren für die Fürsorge zuständig ist. Säugetiere unterscheiden sich von Reptilien unter anderem darin, dass ihre Jungen sehr hilflos geboren werden. Damit sie selbständig werden und überleben können, müssen sich die Eltern, in der Regel die Mutter, intensiv um diese Jungen kümmern. Säugetiere haben den instinktiven Impuls, für ihren Nachwuchs zu sorgen, die Jungen zu trösten, zu beruhigen und zu wärmen. Gleichzeitig muss das Junge physiologisch so geprägt sein, dass es Trost, Beruhigung, Wärme, zärtliche Berührung und sanfte Laute annehmen kann. Dies alles sind Fähigkeiten, die sich entwickelt haben, damit wir uns sicher und beschützt fühlen. Wenn die Jungen so umsorgt werden, dann wird Oxytocin freigesetzt und Opioide aktivieren das parasympathische Nervensystem, das die Aufgabe hat, uns zu beruhigen und uns sicher fühlen zu lassen.

Wenn wir uns selbst mit Mitgefühl begegnen, dann gewinnen wir unser Gefühl von Sicherheit nicht mehr durch das Verteidigungssystem, sondern durch das System der Fürsorge und Bindung. Diese Reaktion ist viel effektiver, denn die Aktivierung des Systems zur Verteidigung bei Gefahren und die Reaktion der Selbstkritik führen vor allem zu Stress, Angst und Depression. Das ist keine gute emotionale Haltung, wenn man ein erfülltes und sinnvolles Leben führen will.

Wenn wir uns selbst mit Mitgefühl begegnen, fühlen wir uns sicher und emotional ausgeglichen. Wir fühlen uns akzeptiert und geliebt. Dies gibt uns die beste Grundlage, um nicht nur glücklich zu sein, sondern auch unsere Ziele im Leben zu erreichen.

Geführte Übung: Die tröstende Berührung

Nun möchte ich eine weitere kurze Übung anleiten, die uns körperlich mit diesem System der Fürsorge verbinden wird. Dies geschieht durch die tröstende Berührung, die sehr unterschiedliche Formen annehmen kann.

Die schnellste und effektivste ist wahrscheinlich die Geste der Hände auf dem Herzen, die wir schon kennengelernt haben. Die Wärme und Zartheit der Hände auf unserem Herzen zu spüren, ist besonders wirkungsvoll.

Wir können diese Haltung nun wieder einnehmen, so wie wir sie schon geübt haben.

…

Fühlen Sie es … Vielleicht spüren Sie es auch nicht … auch das ist in Ordnung, manchmal brauchen wir etwas Zeit, bis wir es spüren können. Spüren Sie auch Ihre Absicht, sich selbst zu trösten, denn darum geht es bei dieser Übung.

…

Jede liebevolle Geste aktiviert dieses System der Fürsorge.

…

Nach der Übung höre ich immer wieder: „Ja, ich liebe diese Geste der Hände auf dem Herzen, aber gestern hatte ich ein Treffen bei der Arbeit, bei dem mein Chef wirklich grob mit mir umgegangen ist. Da hätte ich etwas Trost gebrauchen können, aber es wäre doch etwas merkwürdig gewesen, wenn ich die Hände auf mein Herz gelegt hätte." Anstatt solch einer sichtbaren tröstenden Berührung können wir vielleicht einfach die Arme verschränken, dann sieht es nicht so aus, als würden wir irgendetwas Besonderes tun. Wir können die Arme etwas zusammendrücken, mit der Absicht, uns selbst Trost und Fürsorge zu geben. Dann wird sich der gleiche Effekt einstellen. Ich nenne das die „geheime Selbstumarmung": Niemand muss es wissen, aber wenn wir es wissen, dann hat diese Geste die gewünschte Wirkung.

Warum ist Selbstmitgefühl so selten?

Vielleicht fragen Sie sich, warum Selbstmitgefühl so selten ist. Warum wird Selbstmitgefühl als ein Wert in unserer Kultur nicht gefördert? Es ist tatsächlich ein Wert, der oft eher abgelehnt wird. Warum? Es gibt viele Gründe dafür, und ich möchte hier nur einige nennen.

Ein Grund ist, dass viele Menschen denken, Selbstmitgefühl sei ein Zeichen von Schwäche: weich, flauschig, wie ein kleines Häschen. Unsere Idealfigur in der amerikanischen Kultur ist John Wayne: stoisch und stark. Es ist schwer vorstellbar, dass John Wayne die Hände auf sein Herz legt. Auch in den Berichten über Selbstmitgefühl in den Medien schwingt immer ein bestimmter Unterton mit: „Das hätte uns gerade noch gefehlt, eine Nation von Schlappschwänzen." Dahinter steht die Idee, dass nur Schwächlinge so etwas tun würden, weil es kein Ausdruck von Stärke und Kraft ist. Aber ist das wirklich so? Denken Sie an Menschen wie Nelson Mandela, Martin Luther King, Mahatma Gandhi oder Mutter Teresa, die zu den stärksten Führungspersönlichkeiten der letzten Jahrzehnte zählen. Sie haben ihre Bewegungen für Frieden auf der Kernidee des Mitgefühls gegründet. Beim Mitgefühl geht es um die Linderung des Leidens, deshalb kommt aus einer mitfühlenden Haltung oft eine kraftvolle Antwort: „Nein, das ist nicht in Ordnung!" Mitgefühl kann also ein sehr kraftvoller Impuls für Veränderung sein.

Ein weitverbreitetes Hindernis für die Wertschätzung des Selbstmitgefühls ist zudem die Verwechselung mit Selbstmitleid. Bedeutet Mitgefühl für uns selbst nicht im Grunde einfach, dass wir uns in Selbstmitleid wälzen? Meiner Ansicht nach ist das nicht so, weil Selbstmitgefühl und Selbstmitleid sehr unterschiedlich sind. Warum ist Selbstmitleid so unangenehm? Denn seien wir ehrlich, es ist wirklich unangenehm, wenn sich jemand in Selbstmitleid verliert. Ein Grund besteht darin, dass Selbstmitleid sehr egozentrisch ist. Jemand, der Mitleid mit sich selbst hat, sagt: „Schaut, was mir angetan wurde." In dem Moment kümmert man sich nur um sich selbst und sieht andere Menschen nicht. Wir konzentrieren uns auf unsere eigene Situation und übertreiben noch, wie schlecht es uns geht, und machen aus allem ein Drama.

Selbstmitgefühl erfahren wir ganz anders. Wir sagen nicht: „Ich Ärmster oder ich Ärmste!" Vielmehr erkennen wir, dass unser Leiden Teil unseres gemeinsamen Menschseins ist. Das Leben ist hart, es kann ein Kampf sein. Im Selbstmitgefühl sagen wir nicht, dass es uns schlechter geht als anderen. Stattdessen erkennen wir an, dass wir alle solche leidvollen Erfahrungen machen. Doch Selbstmitgefühl ist noch mehr, es beinhaltet auch Achtsamkeit. Das bedeutet, dass wir uns selbst keine überzogene Geschichte darüber erzählen, wie schlimm alles ist. Das unterscheidet Selbstmitgefühl vom Selbstmitleid.

Ein weiterer Irrtum ist, dass Selbstmitgefühl mit einer übertriebenen Beschäftigung mit sich selbst gleichgesetzt wird. Viele Menschen denken: „Wenn ich Mitgefühl mit mir selbst habe, dann werde ich mir selbst wahrscheinlich alles erlauben. Vielleicht gehe ich heute nicht zur Arbeit und schaue lieber fern und esse Eiscreme." Viele Menschen befürchten, dass sie sich alles erlauben werden, wenn sie freundlich mit sich selbst umgehen. Selbstmitgefühl bedeutet aber, dass wir uns um unser eigenes Wohlergehen kümmern und dass wir nicht leiden wollen. Wir sollten uns also daran erinnern, dass das Anliegen von Mitgefühl immer die Linderung von Leiden ist.

Stellen wir uns eine sehr mitfühlende Mutter vor, die ein Kind hat, das sie von ganzem Herzen liebt und akzeptiert. Wenn das Kind nicht zur Schule geht und lieber den ganzen Tag vor dem Fernseher sitzen und Eiscreme essen will, dann würde eine mitfühlende Mutter das nicht zulassen. Wenn die Mutter nichts dazu sagt, dann würde sie dem Kind einfach alles erlauben und ihm letztlich schaden. Eine gute Mutter sagt ihrem Kind, dass es zur Schule gehen, die Hausaufgaben machen, Gemüse essen und rechtzeitig ins Bett gehen soll. Wenn uns jemand wichtig ist und wir nicht wollen, dass derjenige leidet, dann wollen wir auch, dass dieser

Mensch gesund ist. So ist es auch in der Beziehung mit uns selbst: Wenn wir mitfühlend mit uns selbst umgehen, dann wollen wir letztendlich unsere eigene Gesundheit und unser Wohlergehen stärken. Das ist meiner Ansicht nach der wichtigste Unterschied zwischen Selbstmitgefühl und einer Selbstbezogenheit, in der wir uns alles erlauben.

Stellen Sie sich vor, Sie sind gestresst und bekommen eine Massage. Dies kann eine selbstmitfühlende Handlung sein, weil Sie die Massage brauchen, um sich selbst einige Streicheleinheiten zukommen zu lassen. Wenn Sie aber jeden Abend eine Massage wollen, die Sie gar nicht bezahlen können und die Sie daran hindert, anderen Anforderungen in Ihrem Leben gerecht zu werden, dann ist das selbstbezogenes Handeln. Der Unterschied zeigt sich also in der Frage, ob uns etwas auf längere Sicht hilft oder schadet.

Eine weitere Ansicht verwechselt Selbstmitgefühl mit einer unverantwortlichen Haltung. Dann denken wir, dass eine Aussage wie „Ich bin doch auch nur ein Mensch“ bedeutet, dass wir keine Verantwortung für unser Handeln übernehmen müssten. Dabei gibt es noch einen weiteren Grund für diese Unklarheit: Das Wort „beurteilen“ kann sehr unterschiedliche Bedeutungen haben. Ich verwende den Begriff für das grobe

Kritisieren, wenn wir uns selbst als schlecht bezeichnen. Aber „beurteilen“ hat noch eine weitere Bedeutung, die mit Weisheit zusammenhängt: die Weisheit und das Urteilsvermögen eines Richters zum Beispiel.

Zum Selbstmitgefühl gehört auch das Urteilsvermögen, wir müssen die Dinge beurteilen, um zu erkennen, was gesund oder ungesund für uns ist. Das ist das Wunderbare beim Selbstmitgefühl: Wir wissen, dass wir uns nicht selbst bestrafen müssen, wenn wir einen Fehler gemacht haben oder wenn wir gescheitert sind. Dann sind wir in der Lage, uns selbst viel klarer zu sehen. Untersuchungen haben ergeben, dass selbstmitfühlende Menschen besser Verantwortung für ihre Fehler übernehmen können. Denn sie können sich selbst in aller Klarheit sehen, was natürlich schwer ist, wenn wir durch Selbstbestrafung bedroht werden.

Das größte Hindernis für das Selbstmitgefühl ist meiner Ansicht nach aber die Überzeugung, dass wir strenge Kritik brauchen, um uns selbst zu motivieren. Es gibt dieses Sprichwort: „Wer mit der Rute spart, der verzieht das Kind!“ Glücklicherweise haben wir bei der Kindererziehung diese Haltung überwunden. Aber scheinbar sind wir im Umgang mit uns selbst immer noch von dieser Methode überzeugt. Denn wir denken, wenn wir nicht grob und manchmal auch gewaltsam mit uns selbst umgehen, um uns zu motivieren, dann werden wir verwöhnt. Aber ist das wirklich wahr?

Nehmen wir noch einmal das Beispiel der Kindererziehung, denn meines Erachtens hilft es uns, diese Frage klarer zu sehen, wenn wir das Verhalten mitfühlender Eltern betrachten. Stellen wir uns einen Vater vor, dessen Sohn im Teenageralter eines Tages mit einer der schlechtesten Mathearbeiten nach Hause kommt. Es gibt zwei Möglichkeiten, um darauf zu reagieren. Eine Möglichkeit wäre eine strenge, harsche Kritik. Der Vater könnte also sagen: „Ich schäme mich für dich, du bist ein Nichtsnutz, du wirst es nie zu etwas bringen, wenn du weiterhin solche Noten nach Hause bringst." Wird so eine Reaktion den Sohn dazu motivieren, sich mehr anzustrengen? Wohl kaum, sie wird höchstens dazu führen, dass er sich deprimiert fühlt und sein Selbstvertrauen gänzlich verliert. Er wird Angst haben vor dem Versuch, besser in Mathe zu werden, denn wenn er wieder scheitert, dann wird er wieder so unnachgiebig kritisiert werden. Eine mitfühlendere Antwort wäre eher: „Das tut mir leid, du musst wirklich enttäuscht sein. Weißt du, das kann jedem von uns passieren. Ich weiß, du bist ein kluges Kind, ich glaube an dich. Du musst dich nur etwas mehr anstrengen. Was meinst du, wie kann ich dir dabei helfen? Ich weiß, dass du aufs Gymnasium gehen möchtest, und dafür ist es wichtig, gute Noten in Mathe zu haben. Soll ich dir bei den Hausaufgaben helfen? Sollen wir eine Nachhilfe organisieren oder mit dem Lehrer sprechen?“ Wenn der Vater seinem Sohn das Gefühl gibt, dass er bedingungslos akzeptiert wird, egal, was geschieht, d. h. auch dann, wenn er scheitert, dann wird dieser Junge viel mehr Selbstvertrauen entwickeln. Er wird das Gefühl haben, dass es sicherer ist, sich selbst herauszufordern. Denn wenn er scheitert, dann kann er sich nicht nur auf die Liebe und Akzeptanz seines Vaters verlassen, der Vater wird ihn auch weiterhin unterstützen und bestärken.

Wir werden das Thema Motivation noch genauer betrachten, denn es ist wichtig, dass wir den mitfühlenden Ansatz nutzen: um uns selbst mit Liebe und Güte und nicht mit strenger Selbstkritik zu gesunden Veränderungen zu motivieren.

Forschungsergebnisse über Selbstmitgefühl

Im Folgenden möchte ich einige Forschungsergebnisse über Selbstmitgefühl beschreiben, denn die Erforschung dieser inneren Haltung ist zu meiner Lebensaufgabe geworden. Zwei Jahre nach meiner Promotion erhielt ich eine Anstellung als Assistenzprofessorin an der Universität von Texas in Austin. Zu dieser Zeit hatte Selbstmitgefühl solch eine transformierende Wirkung in meinem Leben ausgelöst, dass ich dachte, es müsste auch aus wissenschaftlicher Perspektive untersucht werden. Es war mir ein Anliegen, zu verstehen, wie Selbstmitgefühl den Menschen helfen könnte, sich zu entfalten und glücklich zu sein.

Doch ich wusste nicht, wie ich damit beginnen sollte. Deshalb versuchte ich als Erstes, sorgfältig zu definieren, was Selbstmitgefühl bedeutet. Zu diesem Zweck studierte ich viele Bücher der buddhistischen Literatur, um die Elemente des Selbstmitgefühls, die ich oben beschrieben habe, tiefer zu verstehen. Auf der Grundlage dieser Studien erstellte ich einen Fragebogen, um Selbstmitgefühl messen zu können. Zu den Aspekten, die dabei erfasst wurden, gehörte, ob wir mit uns selbst freundlich umgehen, ob wir unser gemeinsames Menschsein wertschätzen, ob wir uns isolieren, wenn etwas in unserem Leben schiefläuft, und ob wir uns unserem Schmerz achtsam zuwenden können, statt davor wegzulaufen und darüber nachzugrübeln. Diese Ergebnisse veröffentlichte ich im Jahre 2003 in zwei Fachartikeln über die Definition und Messung von Selbstmitgefühl.

Zu meiner Überraschung ist die Forschungsliteratur über Selbstmitgefühl in den letzten Jahren immer umfangreicher geworden. Bis heute sind etwa 100 Artikel in Fachzeitschriften erschienen, in denen die positiven Wirkungen von Selbstmitgefühl untersucht werden. Und Selbstmitgefühl hat viele positive Effekte! Die Forschung weist besonders darauf hin, dass Selbstmitgefühl zu einer größeren emotionalen Resilienz führt. Menschen mit Selbstmitgefühl sind nicht so ängstlich, leiden weniger unter Depression und neigen weniger oft zu Stress. Sie sind nicht so perfektionistisch und verurteilen sich selbst nicht ständig dafür, dass sie einen Fehler gemacht haben. Selbstmitfühlende Menschen haben eine bessere Beziehung zu ihrem Körper, sie spüren wenig Scham, wenn ihr Körper nicht perfekt ist. Sie haben weniger Angst vor dem Scheitern; sie sind bereit, Risiken einzugehen, weil sie keine Selbstkritik befürchten müssen, wenn sie ihr Ziel nicht erreichen.

Selbstmitgefühl steht auch mit vielen positiven Zuständen wie Glück, Optimismus, Zufriedenheit im Leben, Neugier, Kreativität und Selbstvertrauen in Verbindung. Dies ist verständlich, denn Selbstmitgefühl lindert oder heilt nicht nur die negativen Zustände, die unser Menschsein natürlicherweise mit sich bringt. Es ist ein positives Gefühl, es fühlt sich einfach gut an, wenn sich jemand um uns kümmert und wir uns mit etwas Größerem verbunden fühlen. Selbstmitgefühl führt nicht nur zu weniger Negativität, sondern unterstützt Freude und Glück.

Viele Untersuchungen weisen darauf hin, dass Selbstmitgefühl zu mehr und nicht zu weniger Motivation führt. Selbstmitfühlende Menschen können leichter aus ihren Fehlern lernen und dadurch wachsen. Sie geben nicht so schnell auf. Sie können leichter Verantwortung für Verletzungen übernehmen, die sie anderen Menschen zugefügt haben. Es fällt ihnen nicht schwer, sich zu entschuldigen und die Beziehungen wiederherzustellen. Menschen mit Selbstmitgefühl haben einen hohen Anspruch an sich selbst. Im Unterschied zu anderen machen sie sich selbst aber keine Vorwürfe, wenn sie diese Ansprüche nicht erfüllen. Sie haben die emotionale Stabilität, um sich selbst wieder aufzurichten und es noch einmal zu versuchen.

Selbstmitgefühl ist eine Ursache für gesundes Verhalten und Handeln. Selbstmitfühlende Menschen treiben eher Sport, ihnen fällt es leicht, eine Diät zu machen, wenn sie den Eindruck haben, sie müssten abnehmen. Ihnen fällt es leichter, mit dem Rauchen aufzuhören, beim Sex zu verhüten und zum Arzt zu gehen, wenn es notwendig ist.

Für den Umgang mit chronischem Schmerz gibt es einige interessante Forschungsergebnisse, die zeigen, dass man mit dem Schmerz besser umgehen kann, wenn man ihm mit Mitgefühl begegnet. Auch wie sehr wir unter dem Schmerz leiden, kann sich durch Mitgefühl verringern. Selbstmitgefühl ist gut für Körper und Geist. Michael Lury, ein Freund und Kollege von mir, sagt, dass die Forschung über Selbstmitgefühl etwas langweilig wird, weil sie immer zum gleichen Ergebnis kommt. Selbstmitgefühl ist ein sehr starker Prädiktor für psychisches Wohlbefinden.

Die gute Nachricht dabei ist, dass man Selbstmitgefühl lernen kann. Es wurden schon einige Programme entwickelt, um die Fähigkeit des Selbstmitgefühls zu vermitteln. Ein Programm, das von Paul Gilbert entwickelt wurde, ist die *Compassion Focused Therapy*. Diese Therapieform wurde für Menschen entwickelt, die an schweren psychischen Problemen leiden wie beispielsweise intensiven Schamgefühlen, traumatischen

Erfahrungen in der Kindheit oder psychiatrischen Erkrankungen. Dieses therapeutische Modell vermittelt den Menschen, wie sie freundlich mit sich selbst umgehen können und wie sie sich selbst trösten oder beruhigen können, wenn sie es brauchen. Untersuchungen zeigen, dass diese Therapieform ein wirkungsvolles Mittel ist, um Menschen zu helfen, ihre psychischen Erkrankungen zu lindern.

Um den Menschen die Fähigkeit des Selbstmitgefühls zu vermitteln, habe ich ein Programm entwickelt, das ich als „Achtsames Selbstmitgefühl" (*Mindful Self-Compassion*) bezeichne. Diesen Ansatz habe ich zusammen mit meinem Kollegen Chris Germer konzipiert, dem Autor des Buches *Der achtsame Weg zur Selbstliebe*. Wir haben mehrere Jahre lang daran gearbeitet, um diesen achtwöchigen Kurs zu entwickeln. Das Ziel dieses Kurses ist es, ganz praktische Fertigkeiten des Selbstmitgefühls zu entwickeln, die im Alltag angewendet werden können. Viele der Übungen, die wir in diesem Buch und den Audioaufnahmen machen werden, stammen aus dem Programm für Achtsames Selbstmitgefühl; einige davon sind aus der Zusammenarbeit mit Chris Germer entstanden. Im Programm nutzen wir einige informelle Übungen, die wir schon kennengelernt haben: z. B. die Hände auf das Herz zu legen. Aber wir nutzen auch formelle Meditationen, denn viele Forschungen zeigen, dass Meditation die „Verschaltungen“ unseres Gehirns verändern kann. Nach der wiederholten Praxis von Meditationen des Selbstmitgefühls können wir die Gewohnheit entwickeln, uns selbst mit Freundlichkeit zu begegnen, statt mit Selbstkritik. Vor Kurzem haben wir eine Studie über die Effektivität des Programms für Achtsames Mitgefühl durchgeführt. Interessanterweise erhöhten sich dabei nicht nur das Selbstmitgefühl und das Wohlbefinden, sondern wir fanden auch heraus, dass die informellen Übungen genauso wirksam waren wie die formellen Meditationsübungen. Beide sind also wichtig, um Menschen zu helfen, Selbstmitgefühl zu entwickeln. In diesem Buch möchte ich Ihnen informelle Übungen vermitteln, die Sie im Alltag nutzen können. Dabei werden Sie auch lernen, Ihre Sprache effektiv zu nutzen. Zusätzlich werden wir auch bestimmte Meditationsübungen machen.

Übung 1 Die Pause mit Selbstmitgefühl

Übung 2 Liebevolles Atmen

2 Selbstfreundlichkeit

Der Unterschied zwischen liebender Güte und Mitgefühl

(In Anlehnung an die Arbeit von Jack Kornfield und Joanna Macy)

Das erste Element des Selbstmitgefühls wollen wir etwas genauer betrachten: Selbstfreundlichkeit, die im Gegensatz zur strengen Selbstkritik steht. Selbstfreundlichkeit kann zwei verschiedene Formen annehmen: In der buddhistischen Tradition werden sie als liebende Güte und Mitgefühl bezeichnet. Liebende Güte und Mitgefühl stehen für offenherzige Haltungen im Umgang mit uns selbst und mit der Welt. Der kleine Unterschied besteht darin, dass sich liebende Güte mehr auf den Wunsch konzentriert, dass ein anderer Mensch oder wir selbst Gutes erleben mögen. Mitgefühl hingegen richtet sich direkt auf die Erfahrung des Leidens. Es sind zwei Seiten einer Medaille. Das offene Herz wird entweder auf das gerichtet, was gut und schön oder was schmerzvoll und schwierig ist. In der folgenden Übung möchte ich Ihnen eine direkte Erfahrung des Gefühls der liebenden Güte und des Mitgefühls ermöglichen, wenn wir sie auf uns selbst richten.

Übung 3 Liebende Güte und Mitgefühl

Die Schwierigkeiten und Geschenke der Praxis von Selbstfreundlichkeit

Wie wir nun gesehen haben, besitzen wir die Fähigkeit, gütig und mitfühlend zu sein, und wir wissen, wie wir diese Fähigkeit in den Beziehungen zu anderen Menschen nutzen können. Wir wissen, wie wir für Menschen da sein können, wenn sie uns brauchen, und wie wir uns um unsere Freunde und die Menschen, die uns nahestehen, kümmern können. Warum begegnen wir uns selbst nicht auf die gleiche Weise? Warum ist es so schwierig, mitfühlend mit uns selbst zu sein? Natürlich gibt es dafür viele Gründe, einige – wie die Angst vor Selbstmitleid oder Selbstbezogenheit – haben wir schon kennengelernt. Aber es gibt noch andere Gründe. Einer davon ist, dass wir nicht zugeben wollen, dass wir verletzlich sind. Wir wollen nicht zugeben, dass wir häufig keine Kontrolle über unser Erleben und unser Verhalten haben. Wenn wir uns selbst kritisieren, weil wir etwas Falsches getan haben oder ein Ziel nicht erreichen konnten, wollen wir uns in gewisser Weise davon überzeugen, dass wir es richtig gemacht hätten, wenn wir uns nur etwas anders verhalten hätten: „Ich hätte perfekt sein können! Es ist ein

Problem, dass ich es nicht geschafft habe. Deshalb habe ich Selbstkritik verdient." Nach unserer Theorie wäre es möglich gewesen, es richtig gemacht zu haben, wenn wir uns nur etwas mehr angestrengt hätten. Dabei glauben wir, dass uns diese Selbstkritik ein Gefühl von Sicherheit gibt, denn wenn wir uns noch etwas mehr anstrengen, wird es beim nächsten Mal perfekt sein. Es fällt uns sehr schwer, zuzugeben, dass wir es manchmal einfach nicht schaffen: Egal, wie oft wir es versuchen, wir handeln immer wieder nach diesem alten Muster. Sogar nach vielen Jahren schaffen wir es nicht, diese Gewohnheit abzulegen. Es ist also sehr schwer für uns, zuzugeben, dass wir nicht die vollkommene Kontrolle über unser Erleben haben. Diese Haltung zeigt sich auch darin, wie wir reagieren, wenn etwas in unserem Leben schiefläuft, wofür wir uns noch nicht einmal die Schuld geben. Warum begeben wir uns dann sofort in den Modus des Problemlösens? Wenn wir denken, wir könnten das Problem lösen, dann hängen wir der Illusion an, dass wir die Situation in Ordnung bringen können, wenn wir nur richtig reagieren: Durch E-Mails oder Telefonanrufe werden wir die Lage wieder unter Kontrolle haben, wenn wir nur die richtigen Schritte unternehmen. Und dann wird dieses Problem verschwinden. Diese Reaktion kommt aus unserer natürlichen Angst vor Verletzlichkeit, in der wir wissen, dass sich unser Leben nicht immer so entfaltet, wie wir es gern möchten.

Das Wunderbare am Selbstmitgefühl ist, dass es uns hilft, die Wirklichkeit unseres Lebens anzunehmen: „Ich bin nicht perfekt. Ich werde Fehler machen und Dinge tun, die ich bereuen werde. Mein Leben ist nicht perfekt, es geschehen Dinge, die ich nicht möchte und die sehr schmerzhaft sind." Können wir diese Wirklichkeit unseres Lebens mit Güte, Mitgefühl und einem weit offenen Herzen umarmen? Können wir Sicherheit in der warmen Umarmung unseres eigenen Mitgefühls finden statt in dem Versuch, unsere Erfahrung zu kontrollieren?

Auch ich stelle mir diese Fragen sehr häufig. Ich arbeite weiter an den gleichen Persönlichkeitsaspekten, mit denen ich mich schon sehr lange beschäftigt habe.

Es gab eine Situation in meinem Leben, in der ich diese innere Ressource des Selbstmitgefühls sehr intensiv erfahren habe. Vor etwa zehn Jahren wurde mein Sohn Rowan geboren. Zu diesem Zeitpunkt hatte ich schon fünf Jahre lang Selbstmitgefühl praktiziert, ich kannte also einige der Qualitäten des Selbstmitgefühls. Als Rowan etwa anderthalb Jahre alt war, bemerkte ich, dass er sich nicht normal entwickelte. Er begann erst spät mit dem Sprechen und hatte Wutanfälle, die weitaus heftiger ausfielen, als es für sein Alter normal wäre. Im Verlauf des folgenden Jahres fanden wir heraus, dass Rowan autistisch ist. Als ich die Diagnose erfuhr, wollte ich gerade zu einem Meditationsretreat fahren. Sofort rief ich meinen Mann an und sagte, dass ich nicht zum Retreat fahren würde, damit wir Zeit hätten, diese Nachricht zu verarbeiten. In seiner tiefen Weisheit und im Einhalten unseres Eheversprechens, dass wir uns helfen wollten, Selbstmitgefühl zu entwickeln, sagte er: „Nein, Kristin, du musst zu diesem Retreat fahren. Ich möchte, dass du dorthin fährst und mit dieser Nachricht in Meditation sitzt und sie mit Mitgefühl durchdringst. Denn nur so kannst du stark und zentriert sein und mir helfen, wenn du zurückkommst." – So haben wir es gemacht. Wie Sie sich vorstellen können, hat mich diese Nachricht zutiefst erschüttert. Ich dachte, Rowan hätte einfach einige Schwierigkeiten in seiner Entwicklung, aber an eine ernste Krankheit wie Autismus hatte ich nicht gedacht. Dieses viertägige Meditationsretreat habe ich nur damit verbracht, mir selbst Mitgefühl zu geben, um mit dieser schwierigen Situation umgehen zu können. Ich gab mir selbst die Erlaubnis, zu trauern.

Viele Eltern mit behinderten Kindern fühlen sich schuldig, wenn sie Trauer empfinden. Sie denken, es bedeutet, dass sie ihr Kind nicht genug lieben. Ich ließ aber alle Gefühle zu: Angst, Scham und die Schuldgefühle, dass ich vielleicht etwas falsch gemacht hatte. Alles ließ ich zu und ich gab mir selbst während dieser vier Tage eine große, warme und liebende Umarmung des Mitgefühls. Ich weinte, ich trauerte und erlaubte mir, mich diesem tiefen Gefühl der Verletzlichkeit zu öffnen. Gegen diese Situation konnte ich überhaupt nichts tun, sie war eine Tatsache: Mein Sohn war autistisch.

Natürlich konnten wir Behandlungen ausprobieren, und als ich vom Retreat zurückkam, rief ich auch bei etlichen Beratungsstellen an und suchte im Internet nach allen möglichen Behandlungsmethoden. Aber bevor ich so in den Modus des Problemlösens ging, erlaubte ich mir selbst, einfach nur den Schmerz zu spüren und mich selbst inmitten dieses Schmerzes zu trösten. Es ist schwer, zu beschreiben, wie dies mein Leben verändert hat. Es erlaubte mir, die Beziehung mit meinem Sohn und auch die Beziehung mit mir selbst mit so viel mehr Ruhe und Stabilität zu leben. Denn ich wusste, dass ich die Unterstützung meines eigenen Mitgefühls hatte, wann immer ich es brauchte. In meinem Leben hat mir diese

Verbindung mit meinem Mitgefühl sehr geholfen, denn ich wusste, dass es diese zutiefst mitfühlende Mutter in uns allen gibt, die uns jederzeit zugänglich ist, um uns zu unterstützen, wenn wir es am meisten brauchen. Manchmal stelle ich mir Mitgefühl als einen Schutzengel vor.

Wenn eine Situation sehr schwierig ist, dann müssen wir sie nicht in Ordnung bringen. Wir können uns dem Leiden und dem Schmerz öffnen und uns selbst inmitten des Schmerzes Güte, Verständnis, Mitgefühl, Fürsorge und Unterstützung geben. Diese Haltung verändert alles, denn Selbstmitgefühl verwandelt das Leiden in die wunderbaren Gefühle der Offenherzigkeit und der Verbundenheit. Wird unser Leben nicht durch diese Empfindungen, in denen sich unser Herz öffnet und wir uns verbunden fühlen, erst wirklich erfüllt?

Heute ist Rowan zehn Jahre alt und wir haben zusammen einen weiten Weg hinter uns. Ich werde auf diesen Weg noch einige Male zurückkommen. Gerade ist er in einer Phase, in der er süchtig nach Tröstungen ist. Er liebt diesen mütterlichen Trost und die zärtliche Zuwendung. Das geht so weit, dass er einen wunderbaren Tag erlebt, z. B. wenn er mit anderen Kindern im Zoo war, und kaum kommt er zur Tür herein und sieht mich, täuscht er ein Weinen vor, um getröstet zu werden. Er liebt es so sehr, getröstet und umarmt zu werden. Darin liegt etwas Wahres, das auch für jeden von uns zutrifft: Es ist eine wunderschöne Erfahrung, wenn wir uns durch Güte und Fürsorge getröstet, beruhigt und umarmt fühlen.

Die Gewohnheit der Selbstkritik

Oft geben wir uns selbst nicht genug Trost und Fürsorge, stattdessen sind wir oft unser schlimmster Feind. Wir sind sehr selbstkritisch und manchmal sogar gemein zu uns selbst. Deshalb ist es sinnvoll, einmal zu fragen, was der Grund dafür ist. Warum sind wir so selbstkritisch? Untersuchungen zeigen, dass Kinder, die mit sehr kritischen Eltern aufwachsen, oft die Stimmen der Eltern verinnerlichen und sich selbst kritisieren. Manchmal hört sich dieser innere Kritiker wie jemand an, den wir in der Kindheit gekannt haben. Es gibt auch Menschen, die eine traumatische Kindheit erlebt haben, wobei sie von den Bezugspersonen alles andere als fürsorglich behandelt wurden. Wenn dies der Fall ist, dann kann es einen *Backdraft* geben. Wenn die Menschen, auf die wir uns verlassen haben, um getröstet und beruhigt zu werden, zu einer Bedrohung wurden, dann verbindet sich das Bedürfnis nach Bindung mit Angst statt mit Liebe. Dann spüren wir oft einen Schmerz, wenn wir unser Herz öffnen. Es zeigt sich keine Güte, sondern Wut oder das Gefühl, dass wir uns verteidigen müssen. Das ist vollkommen natürlich. Wenn wir solch einen *Backdraft* spüren, ist es ein Zeichen dafür, dass wir bereit sind für Heilung. Wir sind bereit, diese Aspekte in uns, die Heilung brauchen, zu berühren.

Wenn dies Ihre Erfahrung ist, dann seien Sie bitte geduldig, wenn es schwer für Sie ist, sich selbst Mitgefühl und Güte zu geben. Wenn Sie wirklich im Umgang mit Ihrer inneren Erfahrung einen neuen Weg finden wollen, dann werden Sie diesen Weg schließlich auch entdecken. Das wichtigste Hindernis für Selbstmitgefühl hat aber nicht damit zu tun, wie unsere Kindheit verlaufen ist. Das wichtigste Hindernis ist vor allem mit der Art und Weise verbunden, in der wir uns motivieren.

Schauen wir einmal genauer an, was geschieht, wenn wir uns durch Selbstkritik motivieren: Wir motivieren uns aus einem Gefühl der Angst. Wir denken, wir müssten es richtig machen, denn wenn wir es nicht schaffen, sind wir nicht gut genug. Das ist der Motor für unsere endlosen Versuche, es noch besser zu machen. Aber wie ich schon beschrieben habe, diese Anstrengungen wenden sich gegen uns. Sie können zu

Depression führen oder wir verlieren unser Selbstvertrauen und haben Angst vor dem Scheitern. So aber wird jede Entfaltung verhindert.

Die Motivationskraft für Selbstmitgefühl hingegen kommt aus der Liebe. Wenn wir uns selbst lieben und fürsorglich mit uns selbst umgehen, dann wollen wir unser volles Potential entfalten. Der Antrieb ist aber nicht, dass wir nicht gut genug sind, vielmehr stammt er aus unserer Fürsorge. Wir wollen gesund und glücklich sein. Ein weiterer wunderbarer Aspekt des Selbstmitgefühls ist, dass wir uns selbst sehr klar sehen können. Wenn ich weiß, dass es sicher ist, zuzugeben, wenn ich etwas falsch gemacht habe, oder dass ich Schwächen habe und Bereiche meiner Persönlichkeit, an denen ich noch arbeiten muss, dann kann ich mich selbst sehr viel klarer betrachten. Und aus dieser klaren Einsicht kann ich mich für Veränderungen entscheiden. Diese Entscheidungen basieren dann auf der Wahrheit, auf dem klaren Erkennen der eigenen Stärken und Schwächen. Wir müssen nicht an einem übertrieben schlechten Selbstbild festhalten, das uns selbst als Versager zeigt. Wenn wir uns also nicht klar sehen, dann schieben wir die Schuld auf andere, wir machen sie für unsere Probleme verantwortlich. Es macht uns zu viel Angst, zuzugeben, dass wir selbst etwas falsch gemacht haben.

Selbstmitgefühl gibt uns also Klarheit über uns selbst, die, verbunden mit der unterstützenden und nährenden Qualität der Güte, einen fruchtbaren Boden für Wachstum und Veränderung schafft. Von Carl Rogers stammt der bekannte Satz: „Wenn ich mich selbst so akzeptiere, wie ich bin, dann kann ich mich verändern."

Hier können wir uns wieder an das Beispiel des liebevollen Vaters erinnern: Der Vater akzeptiert und liebt seinen Sohn, obwohl er in der Mathearbeit eine schlechte Note bekommen hat. So erfuhr der Junge die Akzeptanz, Bestärkung und Unterstützung, die er brauchte, um sich beim nächsten Mal noch mehr anzustrengen.

Ich möchte Sie jetzt durch eine Übung führen, die uns zeigen wird, ob wir uns mit einer neuen Form der Motivation verbinden können. Statt der gewohnten Weise der Motivation, bei der wir uns sagen, dass wir nicht gut genug sind, versuchen wir eine mitfühlendere Stimme zu finden, eine mitfühlendere und effektive Form der Unterstützung, um etwas zu verändern, wenn wirklich eine Veränderung ansteht und wir uns in einer Weise verhalten, die uns nicht unterstützt und zu Leiden führt.

Geführte Übung: Wie wir uns durch Freundlichkeit motivieren

In dieser Übung bitte ich Sie, einige Blätter Papier und einen Stift bereitzuhalten. Es ist auch völlig in Ordnung, wenn Sie dieser Übung einfach in Ihren Gedanken folgen und nichts aufschreiben. Aber für mich hat es sich als sehr hilfreich erwiesen, Einsichten über mich selbst aufzuschreiben.

Nun bitte ich Sie, an ein Verhalten zu denken, das Sie verändern wollen. Ein Verhalten, für das Sie sich oft kritisieren. Keine unveränderliche Eigenschaft wie große Füße, sondern Verhaltensweisen bei Ihnen selbst, die Sie nicht mögen. Reaktionen, von denen Sie sich wünschen, dass Sie sie nicht ständig wiederholen würden. Es könnte eine Neigung zu Ungeduld sein, oder vielleicht denken Sie, dass Sie mehr Sport treiben sollten. Oder Sie schieben ständig Dinge auf, die Sie eigentlich dringend tun sollten.

Denken Sie an eine solche Verhaltensweise, die Sie verändern möchten.

...

Schreiben Sie nun einige der Sätze auf, die Sie zu sich selbst sagen, wenn sie wieder aus dieser Gewohnheit gehandelt haben. Worte, die Sie an einem schlechten Tag benutzt haben, an dem Sie wirklich sehr kritisch mit sich selbst umgegangen sind. Was sagen Sie dann? Nehmen wir ein Beispiel: Vielleicht fällt es Ihnen schwer,

Ihre Rechnungen rechtzeitig zu bezahlen, und Sie schieben es ständig auf. Was würden Sie dann zu sich selbst sagen? Vielleicht dies: „Oh, es ist hoffnungslos, ich bin so unzuverlässig. Ich kann nicht glauben, dass ich es schon wieder getan habe." Was würden Sie zu sich selbst sagen, wenn sich dieses Verhalten zeigte?

…

Denken Sie daran oder schreiben Sie auf, welche Gefühle diese Selbstkritik in Ihnen auslöst. Wie fühlt es sich an, wenn Sie sich als unzuverlässig, wertlos oder als hoffnungslosen Fall bezeichnen? Fragen Sie sich auch, wie effektiv diese Worte dabei sind, Sie zu motivieren. Wie effektiv war es, als Sie sich selbst als unzuverlässig und als hoffnungslosen Fall bezeichneten, weil Sie zum Beispiel eine Rechnung zu spät bezahlt hatten? Hat es Ihnen geholfen, dass Sie die Rechnungen nun rechtzeitig bezahlen?

…

Denken Sie nun darüber nach oder schreiben Sie auf, warum Sie sich für dieses Verhalten kritisieren. Der innere Kritiker will Ihnen Sicherheit geben, vielleicht in einer kontraproduktiven Weise, aber er versucht, Sie vor Schaden zu bewahren. Wenn das Problem darin liegt, dass Sie das Bezahlen von Rechnungen aufschieben, können Sie sich fragen: „Warum wird der innere Kritiker so nachdrücklich, warum verurteilt er mich so streng dafür, dass ich meine Rechnungen nicht rechtzeitig bezahlt habe? Hat der Kritiker vielleicht Angst, dass ich eine Mahnung erhalte und dass daraus Probleme für mich entstehen? Wie versucht mich mein innerer Kritiker zu beschützen?"

Über diese Frage können Sie nun nachdenken im Hinblick auf das Verhalten, mit dem Sie Schwierigkeiten haben.

...

Jetzt bitte ich Sie, sich mehr mit der mitfühlenden Stimme zu verbinden.

Wir lassen den inneren Kritiker eine Zeit lang beiseite und schließen die Augen, und wenn Sie möchten, können Sie die Hände auf Ihr Herz legen. Dieser Teil in Ihnen weiß, dass Ihr Verhalten zu Problemen führt, aber er betrachtet es aus einer mitfühlenden Perspektive. Was sagt diese Stimme? Die Stimme, die nicht davon ausgeht, dass Sie nicht gut genug sind, so wie Sie sind? Diese Stimme sagt: „Ich sorge mich um dich und ich will nicht, dass du leidest." Wir wissen, dass diese bestimmte Verhaltensweise ein Problem ist oder dass es eine Schwierigkeit gibt, mit der wir umgehen müssen. Aber aus der Haltung des Selbstmitgefühls sagen wir: „Weil ich mich um dich sorge, möchte ich, dass du nicht leidest. Der Grund ist nicht, dass du nicht gut genug bist, so wie du bist." Wie würden Sie sich aus dieser mitfühlenden Perspektive zu einer Veränderung motivieren? Wie können Sie sich motivieren, beispielsweise in Zukunft Ihre Rechnungen rechtzeitig zu bezahlen, so dass es freundlich, produktiv und unterstützend ist? Was würde Ihre mitfühlende Stimme zu Ihnen sagen, mit der Stimme eines fürsorglichen Freundes? Wie würde Sie solch ein Freund aus einer Haltung der Liebe heraus motivieren, diese Veränderung in Ihrem Leben zu verwirklichen?

…

In diesen wenigen Minuten werden Sie es wohl nicht schaffen, den Umgang mit sich selbst in solchen Situationen vollkommen zu verändern. Es erfordert eine ständige Praxis. Die Idee dabei ist, dass wir nicht leugnen, dass es Verhaltensweisen gibt, die wir verändern wollen. Aber wir werden nicht alle Verhaltensweisen verändern können, wir werden weiterhin Fehler machen, scheitern und Dinge tun, die wir später bereuen. Aber wenn wir Fürsorge für uns selbst empfinden und nicht möchten, dass wir leiden, dann werden wir immer versuchen, unser Bestes zu tun. Wir werden tun, was wir können, um uns zu verändern.

Achten Sie also auf die Sprache, die Sie benutzen, um sich selbst zu motivieren. Fragen Sie sich, ob die Motivation von Ihrer mitfühlenden Stimme kommt, dem Teil in Ihnen, der sich um Sie sorgt. Oder kommt sie aus dem Teil in Ihnen, der Angst davor hat, nicht gut genug zu sein? Versuchen Sie immer wieder, sich in die Stimme Ihres inneren mitfühlenden Selbst zu begeben. Manchmal ist diese Schreibübung eine effektive Möglichkeit, um diese Veränderung der inneren Haltung zu unterstützen.

Unsere innere mitfühlende Stimme entwickeln

Vielleicht war diese Übung für Sie etwas schwieriger als gedacht. Wir haben lebenslange Gewohnheiten angesammelt, um uns selbst durch Selbstkritik zu motivieren. Etwas Praxis und Geduld sind nötig, um die Gewohnheit zu entwickeln, diese gütige und mitfühlende Stimme zu hören. Das Gute dabei ist, dass wir wissen, wie wir es tun können. Wir wissen, wie wir gegenüber einem Freund gütig, mitfühlend und unterstützend sein können. Dies ist eine innere Fähigkeit, der wir uns immer zuwenden können, wenn wir sie brauchen. Das Entscheidende ist, dass wir erkennen, mit welcher Stimme wir sprechen:

Sprechen wir aus einer Haltung der Angst und Minderwertigkeitsgefühle? Wo und wie befürchten wir, dass wir nicht gut genug sind und uns deshalb verändern müssen?

Oder sprechen wir aus einer Haltung der Liebe und der bedingungslosen Akzeptanz und entscheiden uns für eine Veränderung, weil wir weniger leiden wollen?

Wir können uns mit beiden Stimmen vertraut machen. Dabei sollten wir die Stimme des inneren Kritikers nicht verurteilen. Vielmehr sollten wir ihm dafür danken, dass er versucht, uns zu beschützen. Aber wir können das Hören auf die innere mitfühlende Stimme trainieren, damit wir uns ihr zuwenden können, wenn wir eine Veränderung angehen wollen. Dies wird nicht nur effektiver sein, sondern auch weniger Schmerzen verursachen.

Es gibt eine traditionelle buddhistische Meditationspraxis, die diese Gefühle der Freundlichkeit, der Güte und des Wohlwollens kultiviert – sowohl gegenüber uns selbst als auch gegenüber anderen. Diese Meditation wird als Mettā-Meditation oder als Meditation der liebenden Güte bezeichnet. Mettā ist ein Wort aus dem Pāli, das meist mit liebende Güte übersetzt wird. In der Meditation der liebenden Güte bringen wir im Geist Bilder und Worte hervor, die Gefühle der Güte und des Wohlwollens wachrufen sollen. Wenn wir liebende Güte gegenüber uns selbst üben, dann können wir schließlich unsere mentalen Gewohnheiten so transformieren, dass wir auf uns selbst mit Mitgefühl und nicht mit Selbstkritik antworten, wenn wir in uns selbst etwas bemerken, das wir nicht mögen, oder in unserem Leben Leiden erfahren.

In einer Geschichte wird berichtet, dass einige Mönche zum Buddha kamen und sagten, dass sie Angst hätten, wenn sie in der Nacht allein im Wald sitzen. Sie baten den Buddha, ihnen eine Meditation zu geben, die ihnen helfen würde, sich sicherer zu fühlen. Der Buddha lehrte sie daraufhin die Meditation der liebenden Güte. Wir wissen natürlich nicht genau, welche Worte der Buddha benutzt hat, aber wir können sicher sagen, dass er den Mönchen half, einen Weg zu finden, um ihr inneres System der Fürsorge zu aktivieren. So konnten sie sich getröstet, beruhigt und beschützt fühlen. So sollten wir die Meditation der liebenden Güte auch für uns verstehen: Es ist eine Praxis, die uns helfen kann, uns sicher, ruhig und beschützt zu fühlen.

Für die Meditation der liebenden Güte gibt es viele Formen und wir werden einige davon kennenlernen. Erinnern Sie sich an die Übung, bei der wir unseren Blick nach innen gewendet haben und diesen natürlichen Wunsch hatten, das Weise, das Gute und das Schöne in uns zu entwickeln? Dies waren Gefühle der liebenden Güte. Manchmal wird die Meditation der liebenden Güte aber auch genutzt, um Gefühle des Mitgefühls für das Leiden wachzurufen. Wir konzentrieren uns auf die Sorgen und den Schmerz, die wir in uns tragen, und darauf wollen wir mit Mitgefühl antworten.

Wir können die Worte der folgenden Übung etwas verändern, so dass wir uns entweder auf das Mitgefühl oder auf die liebende Güte konzentrieren. Die Meditation, die ich in Übung 4 anleiten werde, richtet sich auf die Gefühle der liebenden Güte. Dabei fassen wir die Absicht, zu lernen, mit uns selbst freundlicher umzugehen. Ob wir es wirklich fühlen, ist nicht entscheidend. Vielleicht spüren wir keine liebende Güte, wenn wir über lange Zeit die Gewohnheit entwickelt haben, uns selbst zu kritisieren und nicht freundlich zu uns selbst zu sein. Das ist völlig in Ordnung, denn wir säen zunächst Samen der Güte und gießen sie. Auch wenn es eine gewisse Zeit dauern wird, wir vertrauen darauf, dass sie schließlich aufgehen und wachsen werden.

Übung 4 Meditation der liebenden Güte

3 Achtsames Selbstmitgefühl

Achtsamkeit als eine Grundlage des Selbstmitgefühls

In diesem Kapitel möchte ich mich etwas ausführlicher dem Thema Achtsamkeit widmen, denn Achtsamkeit ist eine Voraussetzung für Selbstmitgefühl. Wenn wir einen Schmerz spüren, müssen wir diese Tatsache des erlebten Schmerzes anerkennen und uns dem Schmerz zuwenden, um uns selbst mitfühlend begegnen zu können. Wenn wir versuchen, unseren Schmerz zu vermeiden oder zu ignorieren oder ihn gleich loszuwerden, dann können wir unser Herz nicht für uns selbst öffnen. Die für das Selbstmitgefühl entscheidende Achtsamkeit ist eine ausgeglichene Form der Achtsamkeit. Das heißt, wir sind uns des Schmerzes bewusst und erkennen ihn an, aber gleichzeitig möchten wir ihn nicht übertreiben. Es ist nicht hilfreich, wenn wir uns selbst einreden, wie schlimm doch alles ist, und dadurch die Realität der Situation übertreiben. Wir sollten in der Lage sein, uns unserem emotionalen Schmerz oder Leiden zuzuwenden – so wie es ist, nicht stärker oder schwächer.

Achtsamkeit ist die Fähigkeit, sich der eigenen Erfahrung mit einer Haltung der Präsenz und Offenheit zuzuwenden – egal, wie die Erfahrung sein mag.

Ich möchte dazu eine kurze Achtsamkeitsmeditation anleiten.

Übung 5 Eine grundlegende Achtsamkeitsmeditation

Was ist Achtsamkeit und warum ist sie so herausfordernd?

Möglicherweise war diese Meditation für Sie gar nicht so einfach und Sie haben bemerkt, dass Ihr Geist manchmal abgeschweift ist. Das ist aber vollkommen normal und natürlich. So funktioniert unser Gehirn, denn es besitzt ein Netzwerk, das den Grundzustand (*default mode*) des Gehirns unterstützt. Vor etwa einem Jahrzehnt haben Forscher herausgefunden, dass unser Gehirn, wenn es nicht mit einer Aufgabe beschäftigt ist und sich im Ruhezustand befindet, überhaupt nicht ruhig ist. Vielmehr stellten sie fest, dass das Gehirn in seiner „Freizeit" in den Modus des abschweifenden Denkens (*mind wandering*) eintritt. Dieses abschweifende Denken umfasst die Suche nach Problemen und die Schaffung eines Selbstgefühls. Der Geist schafft ein Selbstgefühl und projiziert es in die Zukunft: „Welche Probleme werden sich wohl zeigen, wenn ich diesen Weg gehe oder einen anderen Weg einschlage? Was könnte falsch laufen? Wie kann ich mich darauf vorbereiten?" Oder der Geist projiziert dieses Selbstgefühl in die Vergangenheit: „Was habe ich falsch gemacht? Was könnte ich beim nächsten Mal anders machen? Was kann ich aus dieser Situation lernen?" Dieser Prozess der Schaffung des Selbstgefühls und der Suche nach Problemen in der Zukunft und in der Vergangenheit hatte eine große Bedeutung für unser Überleben. Wir konnten über unsere Erfahrung reflektieren: „Ich erinnere mich: Als ich das letzte Mal mit dem Kanu dort entlang gerudert bin, stieß ich auf eine große Gruppe von Krokodilen. Beim nächsten Mal sollte ich einen anderen Weg nehmen, um nach Nahrung zu suchen."

Das Gute an dem Wissen um dieses Netzwerk, das den Grundzustand unseres Gehirns bestimmt, ist die Tatsache, dass wir uns nicht verurteilen müssen. Es ist ganz normal, wenn der Geist in der Meditation abschweift. Wenn wir meditieren, dann begibt sich das Gehirn in seinen Grundzustand und sucht nach Problemen, die es lösen kann. Dieses Wissen um den Grundzustand des Gehirns kann eine große Erleichterung sein. Wir müssen uns nicht verurteilen, wenn der Geist in der Meditation abschweift oder wenn wir uns ständig mit dem beschäftigen, was nicht so gut läuft, oder auch nur über uns selbst nachdenken. Wenn unser Geist abschweift, tut er etwas ganz Natürliches, denn unser Gehirn ist so geprägt. Urteile sind also überflüssig.

Dieses Netzwerk des Grundzustands ist natürlich und hat viele Vorteile für unser Überleben. Doch es ist wichtig, dass wir erkennen, wie es funktioniert, damit wir uns nicht in einem Zustand des ständig umherschweifenden Geistes verlieren müssen. Neuere Forschungen zeigen, dass wir etwa die Hälfte der Zeit mit umherschweifenden Gedanken beschäftigt sind: Einen Teil unserer Zeit sind wir mit Aufgaben beschäftigt und die restliche Zeit driften wir ab und denken über uns selbst und unsere Probleme nach.

Wie ich schon erwähnt habe, besteht eine der Schwierigkeiten bei diesem Verhalten darin, dass wir dazu neigen, die negativen Gedanken über uns selbst mit der Realität zu verwechseln. Wenn wir in uns ein Problem sehen, dann wird unser Bedrohungssystem aktiviert und wir verurteilen uns und greifen uns selbst an. Hier kann uns die Meditation helfen. In der Meditationsforschung konnte nachgewiesen werden, dass Achtsamkeitsmeditation unter anderem das Netzwerk zur Aufrechterhaltung des Grundzustandes beruhigt. Wenn wir aktiv mit der Erfahrung des gegenwärtigen Moments beschäftigt sind, wird das Grundzustandsnetzwerk nicht aktiviert. Deshalb können wir durch Achtsamkeitspraxis präsenter bleiben und sind nicht so sehr damit beschäftigt, ein Selbstgefühl zu bilden und über Probleme nachzudenken, die wir lösen müssen.

Was ist Achtsamkeit? Eine kurze Definition besagt, dass Achtsamkeit bedeutet, sich im gegenwärtigen Moment dessen gewahr zu sein, was geschieht – während es geschieht. Mit anderen Worten, es ist eine direkte Wahrnehmung der Wirklichkeit. Es ist eine präverbale Form der Verbindung mit der Wirklichkeit. Das ist ein wichtiger Punkt, denn die meisten Menschen wissen nicht, dass ihre Gedanken nicht das Gleiche sind wie das Gewahrsein der Wirklichkeit selbst. Denken Sie einen Moment darüber nach: Was ist ein Gedanke? Ein Gedanke ist eine Repräsentation, ein Symbol; ein Gedanke steht für etwas anderes. Das erste Symbol, das Kleinkinder entwickeln, ist das Symbol des Zeigens. Das Baby deutet auf ein Objekt, das es haben möchte. So kommuniziert es mit der Mutter, indem es seinen Wunsch symbolisiert: „Ich möchte diese Flasche, die dort steht.“ Schon bald entwickelt sich dieses Symbolisieren mittels der Sprache. Die meisten unserer Gedanken in der Form von Wörtern stehen *für* eine Realität, sie sind nicht die Realität selbst. Wir können den Gedanken oder das Wort „Apfel“ nicht sehen, essen oder schmecken; wir können nur den wirklichen Apfel sehen, essen und schmecken.

Hier eine kleine Übung dazu: Halten Sie die Hände vor Ihr Gesicht und bewegen Sie die Finger. Betrachten Sie die Bewegung Ihrer Finger.

Das ist eine tatsächliche Erfahrung, es ist kein Gedanke über eine Erfahrung, es ist eine direkte Erfahrung im gegenwärtigen Moment. Das ist genau das, was Achtsamkeit uns ermöglicht: Wir können uns unter die Schicht der Gedanken begeben und wirklich erfahren, was hier und jetzt geschieht.

Warum ist das so wichtig? Wir können uns jedenfalls bis zu einem gewissen Grad von dem Einfluss befreien, den die Gedanken oft auf unsere Wahrnehmung der Wirklichkeit ausüben. Gedanken über die Zukunft, Gedanken über die Vergangenheit und Gedanken über uns selbst sind einfach nur Gedanken. Sie umfassen nicht die Wahrheit dessen, was hier und jetzt wirklich geschieht. Und wie wir alle wissen, sind Gedanken oftmals falsch. Denken Sie an eine Situation, in der Sie sich Sorgen um die Zukunft machten, die sich dann als unbegründet herausstellten. Oder Sie haben vielleicht etwas missverstanden und dachten, dass etwas geschehen sei, was aber nicht der Wahrheit entsprach. Das Gleiche trifft auch für uns selbst zu. Wir denken, wir wären gut oder schlecht. Die Wahrheit ist, dass sich unsere menschliche Erfahrung ständig verändert und entfaltet. Das Denken kann sie nicht vollkommen wiedergeben und geordnet zusammenfassen. Wenn wir achtsam sind, müssen wir unsere Gedanken nicht so ernst nehmen. Was für eine Erleichterung: Wir müssen unseren Gedanken nicht glauben!

Achtsamkeit konzentriert sich also auf das, was im gegenwärtigen Moment wirklich geschieht. Ein weiterer wichtiger Aspekt von Achtsamkeit ist die Qualität des Nicht-Urteilens. Achtsamkeit beurteilt nicht, ob etwas geschehen sollte oder nicht. Wir akzeptieren einfach, dass es geschieht, ohne dieser Wirklichkeit Widerstand zu leisten. Normalerweise versuchen wir, schmerzvolle Erfahrungen zu vermeiden, sie von uns fernzuhalten oder sie loszuwerden. Das ist ganz natürlich, selbst eine Amöbe wird sich von Giften wegbewegen, die ihr System bedrohen. Wir sind biologisch programmiert, Schmerzen zu vermeiden. Für uns als Menschen besteht das Problem jedoch darin, dass viele von diesen Schmerzen ihre Ursache im Denken oder in den Emotionen haben. Wenn wir versuchen, sie zu ignorieren, uns dagegen zu wehren oder sie verschwinden zu lassen, dann wird es in Wirklichkeit nur noch schlimmer, sie werden dadurch verstärkt. Der Meditationslehrer Chinsen Young sagte einmal auf einem Retreat, an dem ich teilnahm: „Leiden ist gleich Schmerz mal Widerstand.“ Eine ganz einfache Formel, hinter der die Tatsache steht: Je mehr wir uns gegen den Schmerz wehren, dagegen ankämpfen, ihn vermeiden und loswerden wollen, desto mehr Leiden wird durch genau diesen Widerstand gegen den Schmerz geschaffen.

Schauen wir uns diesen Zusammenhang noch etwas genauer an: Normalerweise sind wir nur dann glücklich, wenn die Wirklichkeit dem entspricht, wie wir sie uns wünschen. Und wir können sehr wütend und frustriert werden, wenn nicht alles so ist, wie wir wollen. Nehmen wir einmal an, Sie stehen im Stau. Das ist kein großes Problem, etwas unangenehm vielleicht. Möglicherweise werden Sie es nicht pünktlich zu Ihrer Verabredung schaffen. Das ist kein Weltuntergang, sondern einfach nur eine unangenehme Erfahrung. Was aber geschieht, wenn wir uns gegen die Wirklichkeit, dass wir in einem Stau stehen, wehren? Wir denken vielleicht: „Mist, ich stecke im Stau, ich werde zu spät kommen." Wir werden wütend und frustriert. Dann stecken wir aber nicht nur im Stau, sondern haben auch ein intensives Gefühl von Leiden erzeugt. Manche Menschen werden in einem Stau so wütend, dass sie gewalttätig werden. Wir alle kennen diese Muster in uns selbst. Wenn wir uns gegen die Realität schmerzvoller Erfahrungen wehren, dann schlagen wir mit dem Kopf gegen die Wand der Wirklichkeit. Das tut sehr weh – und es ist überflüssig! Wenn wir einen traurigen Gedanken haben wie z. B.: „Ich bin allein", dann spüren wir ein unangenehmes oder vielleicht auch schmerzvolles Gefühl. Es wird schließlich vorübergehen. Aber wenn wir uns gegen das Gefühl der Einsamkeit wehren, machen wir es noch stärker. Dann denken wir: „Ich bin allein. Ich will aber nicht allein sein. Irgendetwas läuft da falsch. Werde ich für immer allein sein? Niemand liebt mich und ich bin es auch nicht wert, geliebt zu werden." Plötzlich folgen wir dieser Geschichte, die uns sagt, wie einsam, isoliert und unglücklich wir sind. Und alles entstand nur aus diesem Gefühl des Alleinseins. Durch Achtsamkeit können wir uns unseren schmerzvollen Erfahrungen zuwenden, ohne uns gegen sie zu wehren. Dabei akzeptieren wir sie so, wie sie sind. Aber wir hören auf, gegen die Wirklichkeit zu kämpfen, unseren Schmerz zu verstärken und unser Leiden noch zu verschlimmern. Deshalb ist Achtsamkeit als ein Kernelement von Selbstmitgefühl so wichtig. Wir müssen in der Lage sein, uns unserem Schmerz zuzuwenden, ihn zu akzeptieren und anzuerkennen. Wir können mit dem Schmerz sein, so wie er ist. So können wir uns selbst Mitgefühl dafür geben, dass wir diesen Schmerz erfahren.

Der Tanz von Achtsamkeit und Mitgefühl

Achtsamkeitsmeditation ist ein Sammelbegriff für eine ganze Reihe von Übungen. Sie alle wirken unterstützend für die Praxis des Selbstmitgefühls. Eine einfache Form der Achtsamkeitsmeditation wird als Konzentrationspraxis oder fokussiertes Gewahrsein bezeichnet. Wenn wir uns in der Meditation auf den Atem konzentrieren, dann bringen wir unseren Geist immer wieder zu einer Erfahrung zurück: zur Erfahrung des Atems. Wenn wir ein Mantra benutzen und im Geist bestimmte Worte wiederholen, dann konzentrieren wir uns auf den Klang oder die Bedeutung der Worte. Üben wir eine Gehmeditation, gehen wir langsam und spüren, wie die Fußsohlen den Boden berühren, und konzentrieren uns auf diese Empfindung. Diese Übungen, bei denen wir das Feld unserer Aufmerksamkeit auf einen kleinen Bereich einengen, haben den Zweck, unseren Geist zu konzentrieren und zu beruhigen. So werden diese Aktivitäten einfacher und nicht so überwältigend. Dadurch kann unser Körper sich entspannen, sich beruhigen und sich im gegenwärtigen Moment verwurzelt fühlen.

Möglicherweise spüren Sie während der Praxis des Selbstmitgefühls einen *Backdraft*. Sie versuchen Gefühle der liebenden Güte und Fürsorge für sich selbst wachzurufen, aber Sie erreichen nur das Gegenteil und erinnern sich beispielsweise an Situationen, in denen Sie nicht sicher waren und sich niemand um Sie kümmerte. Oder Sie fühlen sich sehr verletzlich, eine Empfindung, die Sie überwältigt. Wenn dies Ihre Erfahrung ist, dann ist es sehr hilfreich, eine *Konzentrationspraxis* zu nutzen. Dabei können Sie sich, wie gesagt, auf den Atem konzentrieren, ein Mantra wiederholen oder eine Gehmeditation üben, um sich zu beruhigen, zu zentrieren und wieder zu verankern. So können wir verhindern, von unseren negativen Emotionen mitgerissen zu werden, und eine Zuflucht finden, in die wir uns immer wieder hineinbegeben können.

Eine weitere Praxis wird als offenes Beobachten oder manchmal auch als *offenes Gewahrsein* bezeichnet. Diese Achtsamkeitsübung ermöglicht es uns, mit allen Empfindungen, die sich zeigen, präsent zu sein. Wir haben diese Praxis geübt, als ich Sie in der geführten Meditation bat, auf jeden Klang zu achten, der sich im Feld Ihres Gewahrseins zeigt, oder jede Körperempfindung wahrzunehmen, die Sie spüren, ohne sich dabei auf eine bestimmte Empfindung zu konzentrieren. Diese Praxis hat den

Zweck, das Feld unseres Gewahrseins zu erweitern. Wir können einfach sehen, was geschieht – egal, was es sein mag –, während es geschieht. Durch diesen Prozess der Erweiterung unserer Aufmerksamkeit können wir einen Schritt zurücktreten und das größere Bild sehen. Dabei fokussieren wir die Aufmerksamkeit nicht, sondern öffnen sie. Wir werden nicht so leicht in den Einzelheiten der Ereignisse und in unseren Gedanken gefangen. Wir hängen nicht so sehr an ihnen fest oder identifizieren uns übermäßig mit ihnen. So entsteht in uns eine Neugier für unsere Erfahrung, selbst wenn sich diese Neugier auf etwas Unangenehmes oder Schmerzvolles richtet. Das ist der Schlüssel zur Fähigkeit, sich den schmerzvollen Erfahrungen zuzuwenden und sich nicht dagegen zu wehren, was sie, wie wir gesehen haben, nur noch schlimmer machen und noch mehr Leiden schaffen würde.

In unserer Kultur gibt es viele wunderbare Anleitungen zur Achtsamkeit und Wege, um diese innere Haltung zu entwickeln. Achtsamkeit hat inzwischen Eingang in die Pädagogik, die medizinische Behandlung, die Psychotherapie und den Zeitgeist der Kultur gefunden. Heute wird aber der dritten Form der Meditationspraxis eine besonders große Aufmerksamkeit geschenkt: der Meditation zur *Kultivierung von Mitgefühl*. Dazu gehört nicht nur, dass wir uns beruhigen und verankern können, wenn wir Schmerzen spüren. Bei dieser Praxis wenden wir uns dem Schmerz zu und akzeptieren ihn, zusätzlich geben wir uns selbst Trost und Fürsorge. Darum geht es in der Praxis des Selbstmitgefühls. Wenn wir achtsam gewahren, dass wir Schmerzen haben und diese Erfahrung akzeptieren, wie können wir dann auf diesen Schmerz reagieren? Können wir auf unseren Schmerz mit großer Fürsorge, mit Trost, mit Offenherzigkeit antworten? Können wir den Schmerz im Gewahrsein halten und ihn akzeptieren, statt ihn abzulehnen und uns gegen ihn zu wehren? Und können wir dann noch einen Schritt weitergehen und den Schmerz mit einem Gefühl der Güte umarmen?

Wenn wir Selbstmitgefühl nutzen, um uns beim Umgang mit Schmerzen zu helfen und sie schließlich zu heilen, dann ist es wichtig, dass wir nicht deshalb mitfühlend mit uns selbst umgehen, weil wir uns besser fühlen wollen. Der Grund ist vielmehr, dass wir uns schlecht fühlen. Das ist ein Paradox, denn der Grund, warum wir mit uns selbst mitfühlend umgehen wollen, ist unser Leiden und der Wunsch, dass dieses Leiden endet. Wir müssen aber bereit sein, die Tatsache zu akzeptieren, dass wir unter Schmerzen leiden, ohne uns dagegen zu wehren. Dann können wir den Schmerz in der warmen Umarmung des Mitgefühls halten.

Nun möchte ich Ihnen eine Erfahrung dieser Haltung vermitteln. In einer vorherigen Übung haben wir Gesten der Hände benutzt, um zu spüren, wie sich Kritik, Achtsamkeit und Mitgefühl anfühlen.

Nehmen Sie jetzt die Arme wieder vor den Körper, ballen Sie die Fäuste und drücken Sie diese ganz fest zusammen. Wir haben diese Haltung als eine Metapher für Selbstkritik benutzt, aber wir können sie als einen Ausdruck für jede Form des Widerstands nehmen: Widerstand gegen uns selbst oder Widerstand gegen Erfahrung von emotionalem Schmerz. So fühlt sich Widerstand an. Nehmen Sie nun die geballten Fäuste und legen Sie sie mit dem gleichen Gefühl des Widerstands auf Ihr Herz. Das ist nicht sehr beruhigend oder tröstend, nicht wahr? Wir können nicht direkt in das Mitgefühl gehen, wenn unser tieferes Motiv der Widerstand gegen Schmerzen ist. Nehmen Sie die Hände wieder vor den Körper und öffnen Sie die Fäuste und spüren Sie, wie dieser Widerstand wegschmilzt. Das ist eine Metapher für Achtsamkeit, in der wir uns dem Schmerz öffnen und ihm erlauben, so zu sein, wie er ist. Dabei lassen wir den Widerstand los. Nehmen Sie nun die Hände übereinander und legen Sie sie sanft auf Ihr Herz.

Erst wenn wir uns erlauben, in der Anwesenheit des Schmerzes verletzlich zu sein, können wir uns selbst Fürsorge und Trost für die Schmerzen geben, die wir spüren. Wir sollten die Praxis des Selbstmitgefühls nicht als eine raffinierte Vermeidungsstrategie benutzen und glauben, dass wir nur die Hände auf unser Herz legen müssten und dann der Schmerz sofort wegginge. Das ist ein Irrtum, denn es ist wichtig, dass wir ehrlich zu uns selbst sind. Wir müssen bereit sein, uns dem Schmerz zu öffnen, und können uns dann selbst Fürsorge und Trost geben, weil wir diesen Schmerz spüren.

Einige schmerzvolle Erfahrungen werden nie verschwinden. Vor Kurzem habe ich erlebt, wie eine Beziehung zu Ende gegangen ist. Es war sehr schmerzvoll, deshalb gab ich mir selbst viel Mitgefühl für diese Erfahrung. Aber nach einer Weile merkte ich, dass ich in diese Falle getappt war. Ich hatte mir selbst so viel Mitgefühl gegeben, spürte aber weiterhin diesen Schmerz. Durch Selbstmitgefühl wollte ich erreichen, dass der Schmerz aufhört, statt mir Mitgefühl zu geben, weil es eine schmerzvolle Erfahrung war und vielleicht immer schmerzvoll bleiben wird. Eine weise Frau sagte einmal zu mir: „Die Last wird nicht notwendigerweise leichter, aber der Rücken wird stärker.“ In gewisser Weise ist das die Wirkung von Selbstmitgefühl: Es gibt uns die Fähigkeit, den Schmerz mit mehr Leichtigkeit und Gelassenheit zu ertragen. Dadurch ist der Schmerz nicht so überwältigend und hoffnungslos. Manchmal kann es sein, dass der Schmerz schwächer und leichter wird, manchmal wird sich aber nichts verändern. Wir haben darauf kaum einen Einfluss. Es liegt aber in unserer Entscheidung, die Tatsache zu akzeptieren, dass wir Schmerzen spüren. Daraus können wir die Absicht fassen, uns selbst zu trösten, wenn wir Schmerzen erfahren.

Die drei Stufen der Praxis des Selbstmitgefühls

Mein Kollege Chris Germer geht davon aus, dass die Praxis des Selbstmitgefühls drei Stufen umfasst. Die erste Stufe bezeichnet er als *Verzauberung*. Zu Beginn der Praxis kosten wir vielleicht die Freiheit, die uns das Selbstmitgefühl geben kann. Vielleicht spüren wir die Erleichterung, die sich einstellt, wenn wir die Hände auf unser Herz legen oder mit uns selbst mit einer freundlichen, mitfühlenden Stimme sprechen, statt uns selbst zu kritisieren. Wir sind verzaubert von dieser wunderbaren neuen Methode, die unsere Beziehung zu uns selbst und unser Leben so tief greifend transformiert. Das ist wunderbar, wir verlieben uns in diese Praxis.

Aber wie bei allen Beziehungen werden wir schließlich desillusioniert, weil wir erwarten, dass Selbstmitgefühl immer in der Lage sein wird, den Schmerz zu lindern. Wir erwarten, dass unsere Erfahrung in dieser radikal positiven Weise transformiert wird. Es wird sich also eine Enttäuschung einstellen, weil Selbstmitgefühl nicht dafür sorgen kann, dass unser Schmerz verschwindet. Wenn wir das erfahren, erreichen wir die Stufe der *Desillusionierung*. Wir dachten, wir hätten die Antwort auf alle Probleme gefunden, aber es reicht nicht aus. Wir spüren immer noch Schmerzen, wir sind weiterhin wütend, wir verurteilen uns immer noch selbst. Diese Stufe der Praxis ist ganz normal und sie ist ein gutes Zeichen. Denn es bedeutet, dass wir diese Wahrheit verstehen: Egal, wie mitfühlend wir mit uns selbst umgehen, wir werden trotzdem unvollkommen sein, das Leben wird weiterhin unvollkommen sein. Wir müssen diese Wirklichkeit zutiefst akzeptieren. Und wenn wir es tun, dann können wir zur nächsten Stufe der Praxis des Selbstmitgefühls gelangen: zur *wahren Akzeptanz*. Wir akzeptieren uns selbst und unser Leben und wissen, dass uns das Selbstmitgefühl helfen wird, uns Trost und Fürsorge zu geben: inmitten unserer unvollkommenen Existenz und nicht als ein Weg, um unsere Existenz vollkommen zu machen. Auf dieser Stufe ist Selbstmitgefühl nachhaltig geworden, weil wir nicht mehr erwarten, dass es die Wirklichkeit verändert. Wir können stattdessen unser Herz für die Wirklichkeit öffnen, so wie sie ist.

Ich möchte jetzt eine klassische Achtsamkeitsmeditation anleiten, zu der ich etwas Selbstmitgefühl hinzufügen möchte. Diese Übung nenne ich den „Mitfühlenden Körper-Scan". Bei dieser Meditation ist es am besten, wenn man auf dem Boden liegt. Wenn jetzt aber keine gute Zeit für Sie ist, diese Übung zu machen, dann können Sie sie auch zu einem späteren Zeitpunkt machen.

Übung 6 Mitfühlender Körper-Scan

4

Selbstmitgefühl und Allverbundenheit

Unsere Verbundenheit mit anderen

In diesem Kapitel werden wir untersuchen, wie wir ein Gefühl der Verbundenheit schaffen können. Das Gefühl für unsere gemeinsame Menschlichkeit ist ein wichtiger Bestandteil des Selbstmitgefühls. Wenn wir uns selbst verurteilen, dann fühlen wir uns oft von anderen getrennt. Wir vergessen, dass jeder Mensch Schwierigkeiten hat und unvollkommen ist. Als Folge dessen fühlen wir uns einsam. Wir müssen uns also ständig daran erinnern, dass wir *eine* menschliche Erfahrung miteinander teilen: Alle Menschen leiden, alle Menschen sind unvollkommen. Und alle Menschen, wir eingeschlossen, sind es wert, dass man ihnen mit Güte und Mitgefühl begegnet.

Ich möchte nun eine weitere Meditation der liebenden Güte anleiten. Dieses Mal möchte ich dabei den Kreis des Mitgefühls erweitern, so dass wir einen größeren Teil der Menschheit erreichen.

Übung 7 Den Kreis unserer liebenden Güte erweitern

Die Suche nach Selbstwert

Es fühlt sich gut an, verbunden zu sein. Warum fühlen wir uns dann nicht viel öfter mit anderen verbunden? Warum scheint es so schwer zu sein? Auf diese Frage gibt es viele Antworten, aber eine interessiert mich besonders: Es liegt an unserer hartnäckigen und unablässigen Suche nach einem hohen Selbstwertgefühl.

Als ich meine Doktorarbeit an der Universität von Berkeley beendet hatte, bekam ich eine Postdoktorandenstelle bei Susan Harter, einer der bekanntesten Forscherinnen auf dem Gebiet des Selbstwertgefühls. Zu dieser Zeit interessierte ich mich für den Buddhismus und für Selbstkonzepte. Ich wollte verstehen, wie sich unsere Selbstkonzepte im Verlauf der Zeit verändern. Als ich mich in die Fachliteratur zu diesem Thema vertiefte, erkannte ich, dass Selbstwert nicht das war, wofür es oft gehalten wird.

Es gibt Tausende von Büchern über Selbstwert und seine Bedeutung und warum uns ein starkes Selbstwertgefühl glücklich macht. Es gibt große Bewegungen, die sich für die Steigerung des Selbstwertgefühls einsetzen. Es wird allgemein angenommen, dass Kinder, deren Selbstwertgefühl verstärkt wird, zu glücklichen und produktiven Erwachsenen werden. Der Grund für den Optimismus in Bezug auf das Selbstwertgefühl als das große Wundermittel für psychische Gesundheit liegt darin, dass Menschen mit einem hohen Selbstwertgefühl oft glücklicher sind. Diese Menschen leiden weniger unter Depression oder Angst. Menschen mit einem niedrigeren Selbstwertgefühl, die sich selbst nicht mögen oder sich als wertlos empfinden, erleben negative Wirkungen auf ihre Gesundheit. Im Extremfall kann diese Empfindung zum Selbstmord führen, diese Menschen glauben dann, dass sie nicht genügend Wert haben, um weiterzuleben.

Es ist also wichtig, dass wir gegenüber uns selbst positive Gefühle pflegen. Aber das Entscheidende ist nicht, ob wir positive oder negative Gefühle für uns selbst empfinden. Wichtig ist, was die Quelle unserer positiven und negativen Gefühle ist. Wie erreichen wir ein hohes Selbstwertgefühl? Das ist die entscheidende Frage.

Was meine ich mit Selbstwertgefühl? Beginnen wir mit dem Wort „Wert", das sich darauf bezieht, etwas einzuschätzen und zu beurteilen. Danach ist der Selbstwert eine umfassende Einschätzung des eigenen Wertes. Das bezieht sich auf unsere Verhaltensweisen und Fähigkeiten,

z. B. die Dinge, die wir gut oder nicht so gut können. Es ist eine allgemeine Bewertung: Wie gut bin ich? Wie wertvoll bin ich? Wo würde ich mich auf einer Skala von 1 bis 10 einordnen? Muss ich mich selbst in eine Schachtel mit der Aufschrift „schlecht" oder in eine mit der Aufschrift „gut" stecken? Darum geht es im Grunde beim Selbstwertgefühl: Es ist eine allgemeine Einschätzung des eigenen Wertes.

Das Selbstmitgefühl ist keine Einschätzung des eigenen Wertes. Beim Selbstmitgefühl fragen wir nicht, ob wir gut oder schlecht sind. Selbstmitgefühl bezieht sich nicht auf das allgemeine Selbst. Es ist vielmehr eine Form der Beziehung mit der gegenwärtigen Erfahrung, mit der sich ständig verändernden Erfahrung im gegenwärtigen Moment – mit Güte, Fürsorge und Verständnis. Selbstmitgefühl beinhaltet keine Selbsteinschätzung, es ist vielmehr die Bereitschaft, das eigene Herz für die Zerbrechlichkeit und Unvollkommenheit unseres Menschseins zu öffnen.

In unserer westlichen Kultur ist es für ein hohes Selbstwertgefühl notwendig, dass wir uns als etwas Besonderes und über dem Durchschnitt erleben. Nehmen wir einmal an, ich bewerte Ihre Arbeitsleistung und sage Ihnen, dass sie durchschnittlich gut ist. Das würde Sie wahrscheinlich am Boden zerstören, Sie wären verzweifelt. Denn wenn man in unserer Kultur zum Durchschnitt gezählt wird, erleben wir das als eine Beleidigung. Es ist nicht genug, nur Durchschnitt zu sein, wir müssen etwas Besonderes sein und über dem Durchschnitt liegen. Das ist die Voraussetzung, dass wir uns einigermaßen gut fühlen.

Mit dieser Notwendigkeit aber, über dem Durchschnitt sein zu müssen, gibt es ein Problem: Es ist logisch unmöglich, dass jeder gleichzeitig über dem Durchschnitt ist. Die Definition von Durchschnitt bedeutet, dass man so ist, wie die meisten Menschen. Per Definition sind also die meisten von uns der Durchschnitt. Aber wenn es nicht in Ordnung ist, der Durchschnitt zu sein, und wenn man sich besser fühlen muss als andere, um sich gut genug zu fühlen, dann werden einige unschöne und letztlich isolierende psychische Dynamiken in Gang gesetzt. Diese Dynamiken führen oft zu Leiden, statt uns zu helfen.

In der Erforschung des Selbstwertgefühls gibt es einige stark begründete Erkenntnisse, die sich auf dieses Bedürfnis beziehen, besser als der Durchschnitt zu sein. Eines dieser Forschungsergebnisse wird als der Lake-Wobegon-Effekt oder auch als Selbstverbesserungsneigung (*self enhancement bias*) bezeichnet. Der Name Lake Wobegon bezieht sich auf eine gleichnamige Radiosendung von Garrison Keeler. Am Lake

Wobegon sehen alle Männer gut aus, alle Frauen sind stark und alle Kinder sind besser als der Durchschnitt. Psychologen haben die amerikanische Bevölkerung untersucht und die Menschen gebeten, sich auf einer langen Liste der kulturell wertgeschätzten Eigenschaften zu bewerten. Die Fragen richteten sich z. B. darauf, ob die Testperson klug, hübsch, humorvoll oder vertrauenswürdig ist. Fast bei jeder kulturell wertgeschätzten Eigenschaft, die man den Teilnehmern vorlegte, äußerten sie, dass sie über dem Durchschnitt liegen würden. Eine Studie fand heraus, dass 98 Prozent der Autofahrer denken, dass sie überdurchschnittlich gute Autofahrer sind. Selbst die Mehrzahl der Menschen, die vor Kurzem einen Autounfall verursacht haben, sind davon überzeugt, dass sie überdurchschnittlich gute Autofahrer sind. Wir haben diesen Impuls, uns selbst im Vergleich mit anderen als besser zu sehen. Und erst, wenn wir „wissen", dass wir besser als der Durchschnitt sind, fühlen wir uns gut genug. Diese Haltung findet sich in allen Kulturen. In Japan hat z. B. Demut einen hohen Wert. Und ob Sie es glauben oder nicht, die meisten Menschen dort denken, dass sie überdurchschnittlich demütig sind.

Wenn wir uns besser als andere sehen müssen, um uns gut genug zu fühlen, dann finden wir Wege, um die Realität unseres eigenen Wesens auszublenden. Und wir finden Wege, um andere herablassend zu behandeln. Wir sehen sie dann nicht in solch einem guten Licht, wie wir es sonst tun würden. Denn es hilft uns dabei, uns im Vergleich mit ihnen gut genug zu fühlen. Manchmal gibt es Extremformen dieser Haltung, und die Betonung eines hohen Selbstwertgefühls hat bei der Erziehung unserer Kinder einige schwerwiegende Folgen gehabt. Die amerikanische Kultur z. B. ist zurzeit durch eine Epidemie des Narzissmus gekennzeichnet. Seit 25 Jahren wird der Narzissmus von Studenten gemessen, und heute werden erschreckende Werte festgestellt: die höchsten, die bisher gefunden wurden. Und diese Kurve geht weiter nach oben. Forscher, die dieses Phänomen untersuchen, bezeichnen diese Generation junger Menschen als „Generation Ich". Bei all den guten Absichten, die hinter solch einer Erziehung stehen, gehen die Forscher davon aus, dass den Jugendlichen ständig gesagt wurde, dass sie etwas Besonderes und die Besten seien. Deshalb hat sich ihr Selbstwertgefühl damit verbunden, etwas Besonderes und die Besten zu sein. Die jungen Menschen verinnerlichten diese Haltung und denken nicht nur, dass sie etwas Besonderes, sondern auch besser als alle anderen sind. Wenn Sie schon einmal einem Narzissten begegnet sind, dann brauche ich Ihnen nicht zu sagen, zu welchen Problemen diese Haltung in unserer Gesellschaft führt.

Selbst wenn es nicht die Ebene des Narzissmus erreicht, dieses Bedürfnis, uns selbst als besser zu sehen, um uns gut genug zu fühlen, führt zu einem hohen Maß sozialer Vergleiche. Wie gut bin ich im Vergleich zu ihr? Bin ich so schön wie er? Bin ich so klug wie sie? Dabei findet ständig ein mentaler Kampf um die besten Positionen statt. Um es einmal ganz offen zu sagen: Dies kann zu einer Kultur der Gemeinheit führen.

Haben Sie den Film „Girls Club – Vorsicht bissig!“ gesehen? Das ist ein wunderbarer Film, der auf einer soziologischen Studie mit dem Titel *Queen Bees und Wannabes* (dt. etwa: „Bienenköniginnen und Möchtegerns“) beruht, die von Rosalind Wiseman gemacht wurde. Wiseman ging in eine Highschool in den USA und wollte herausfinden, warum die beliebten Mädchen bei allen so beliebt sind. Ein Grund für ihre Beliebtheit ist sicher, dass sie oft schon mit 16 wie Supermodels aussehen. Aber darüber hinaus stellte sie fest, dass die beliebten Mädchen an der Schule oft andere Mädchen herablassend behandelten. Im Film „Girls Club“ hatten die Mädchen ein Buch, in das sie bösartige Kommentare über andere Schülerinnen schrieben. Heute wird dazu Facebook genutzt. Dieses Bedürfnis, besser als andere zu sein, führt dazu, dass Mitschüler herablassend behandelt und abgewertet werden, so dass sie schwächer und nicht so gut erscheinen wie man selbst. Denn dadurch kann man sich im Vergleich besser und überlegen fühlen. Dies kann im Extremfall bis zum Mobbing führen. Entgegen der landläufigen Meinung haben Forschungen gezeigt, dass Jugendliche, die andere tyrannisieren, ein hohes Selbstwertgefühl haben. Aber der Grund für ihr starkes Selbstwertgefühl liegt wiederum darin, dass sie andere, die nicht so stark sind wie sie, schikanieren und herablassend behandeln. Dadurch fühlen sie sich gut. Leider erhalten sie so auch stärkere Zustimmung von ihren Mitschülern. Andere Schüler schauen zu den Tyrannen auf, weil sie stark sind. Diese Gewalt unter Schülern ist ein großes Problem in unserer Gesellschaft geworden. In diesem Zusammenhang spielen auch Vorurteile eine große Rolle. Was bedeutet es, Vorurteile zu haben? Es heißt, dass meine Gruppe besser ist als die anderen Gruppen. Meine Rasse, meine Religion, meine Partei ist besser als alle anderen. Es ist die Tendenz, sich abzugrenzen von anderen Individuen oder anderen Gruppen. Auch dies kommt aus dem Bedürfnis, uns selbst im Vergleich zu anderen als besser und höher stehend zu bewerten.

Psychologen waren überrascht, als sie herausfanden, dass Menschen, die sehr ausgeprägte Schutzmechanismen für ihr Ego entwickelt haben und auf andere oft verärgert reagieren, ein starkes Selbstwertgefühl zeigen. Durch die Verteidigung ihres eigenen Egos und die Wut auf andere halten sie dieses starke Selbstwertgefühl aufrecht. Solche Menschen erkennen eigene Fehler nicht an, sondern schieben die Schuld auf andere. Wenn wir natürlich ständig die Schuld auf andere schieben, können wir uns selbst auch aufwerten und die Blase unseres starken Selbstwertgefühls vergrößern und schützen.

Denken Sie an eine Situation, in der Sie sich mit einem Menschen, der Ihnen wichtig ist, gestritten haben. Wahrscheinlich ging es dabei um irgendein Ego-Problem. Vielleicht hat der andere etwas über Sie gesagt, das Sie nicht akzeptieren wollten. Sie waren aber der Ansicht, dass der andere die Verantwortung für die Situation trägt. Das ist eine natürliche soziale Dynamik, aber es ist wichtig, dass wir uns dessen bewusst werden. Wenn wir unser eigenes Ego und unser Selbstwertgefühl schützen müssen, dann können leicht unnötige zwischenmenschliche Konflikte entstehen.

Die bedingte und instabile Natur des Selbstwertgefühls

Eine weitere negative Folge des Bedürfnisses nach einem hohen Selbstwertgefühl besteht darin, dass wir aus diesem Bedürfnis heraus auch ständig danach suchen, weil unser Selbstwertgefühl abhängig von Bedingungen ist. Wie wir schon gesehen haben, gehört zu diesen Bedingungen, dass wir uns selbst besser fühlen als andere. Eine weitere Bedingung ist unser Erfolg. Wenn ein Musiker, für den es sehr wichtig ist, dass er gut spielt, ein schlechtes Konzert gibt, dann wird es sich negativ auf sein Selbstwertgefühl auswirken. Wenn wir unser Selbstgefühl davon abhängig machen, dass wir in einem Bereich unseres Lebens gute Leistungen vollbringen, wird bei einem Fehlschlag unser Selbstwertgefühl abstürzen. Aber da wir Menschen sind, werden wir Fehler machen.

Oftmals leben wir getreu des Hollywoodspruches: „Du bist nur so gut wie dein letzter Erfolg." Wenn die Dinge gut laufen, dann fühlen wir uns wohl und sind glücklich. Aber sobald ein Problem auftaucht und wir uns mit der Realität des Lebens auseinandersetzen müssen – wozu auch gehört, dass wir Fehler machen werden –, dann fühlen wir uns niedergeschlagen, wertlos und nicht liebenswert. Unser Selbstwertgefühl, unsere

Selbstwahrnehmung und unser Empfinden für unseren eigenen Wert können sehr instabil sein. Es kann ständig von oben nach unten schwanken, fast wie ein Jo-Jo, immer abhängig von unserem letzten Erfolg oder Misserfolg. Einige Psychologen sind der Ansicht, dass diese Instabilität des Selbstwertes – wenn wir nicht genau wissen, ob wir gut oder doch nicht so gut sind – an sich schon psychisch destabilisierend ist. Deshalb sei es vielleicht sogar besser, sich nicht zu mögen und ein geringes Selbstwertgefühl zu haben, weil uns das zumindest etwas Stabilität gibt. Ich bin mir nicht sicher, ob ich mit diesem Vorschlag übereinstimme, aber es ist ein interessanter Gedanke.

Wir verbringen so viel Zeit damit, um in Beziehung zu anderen Menschen unser Selbstwertgefühl möglichst hoch zu halten. Selbst wenn es uns gelingt, uns selbst davon zu überzeugen, dass wir bei einer bestimmten Eigenschaft besser sind als der Durchschnitt, wird es leider immer jemanden geben, der noch besser ist. Wir können immer jemanden finden, der noch besser ist – noch klüger, noch reicher, noch attraktiver oder ein besserer Autofahrer oder ein talentierterer Musiker. Solange unser Selbstwertgefühl aus diesen Vergleichen kommt, wird es immer wieder dazu führen, dass wir uns schlecht fühlen und uns nicht mögen.

Wenn wir uns fragen, warum wir uns so getrennt von anderen empfinden, dann liegt einer der Hauptgründe darin, dass uns die Gesellschaft ständig sagt, wir müssten mit anderen Menschen konkurrieren. Unsere ganze Wirtschaft basiert auf dem Versprechen, dass wir durch das Kaufen bestimmter Produkte besser sein werden als andere und deshalb ein höheres Selbstwertgefühl empfinden werden. Ich denke, es ist wichtig, dass wir diesen Prozess genau beobachten. Wir müssen uns nicht dafür verurteilen, es ist natürlich und wir alle tun es: Ich denke, ich bin besser als der Durchschnitt, Sie denken, Sie sind besser als der Durchschnitt … So ist unser Geist einfach geprägt. Aber es ist wichtig, dass wir das Leiden erkennen, das aus diesem Bedürfnis entsteht, sich besser als der Durchschnitt zu fühlen.

Als ich bei der Arbeit im Rahmen meiner Postdoktorandenstelle sehr viel über Selbstwertgefühl lernte und privat im Rahmen meiner spirituellen Praxis Selbstmitgefühl übte, erkannte ich, dass Selbstmitgefühl eine wunderbare Alternative zum Selbstwertgefühl ist. Es ist eine gesündere Weise, uns mit uns selbst gut zu fühlen – aber nicht deshalb, weil wir uns selbst positiv bewerten. Es geht nicht darum, festzustellen, ob wir gut oder schlecht, besser oder schlechter als jemand anderes sind. Stattdessen fühlen wir uns gut, wir selbst zu sein, einfach weil wir Menschen sind. Wir sind unvollkommen wie alle Menschen, aber wir sind wertvoll und verdienen Fürsorge.

Selbstwert entsteht aus Urteilen, also daraus, dass wir uns selbst positiv beurteilen. Selbstmitgefühl entsteht aus der Liebe, in der ich mit mir selbst fürsorglich umgehe, egal, ob ich erfolgreich bin oder scheitere. In der Tat ist das Wunderbare am Selbstmitgefühl, dass es genau zu dem Zeitpunkt aktiv wird, wenn uns das Selbstwertgefühl verlässt: In den Momenten des Scheiterns, wenn wir uns selbst nicht mögen oder wenn andere besser sind als wir selbst. Das Selbstmitgefühl gibt uns diese tiefe Stabilität, diese gefestigte, friedvolle Beziehung mit uns selbst, in der wir uns mit anderen Menschen verbunden fühlen können und uns nicht in Konkurrenz mit ihnen befinden.

Wir haben einige Forschungen zu diesem Thema durchgeführt, es ist eine meiner großen Leidenschaften. Dabei haben wir viele Informationen gesammelt, die vor allem eines zeigen: Wie freundlich wir mit uns selbst umgehen, hängt direkt damit zusammen, dass wir uns nicht so oft mit anderen vergleichen, dass wir seltener wütend sind und unser Ego nicht so stark verteidigen müssen. Das Gefühl des

Selbstwertes, das mit Selbstmitgefühl einhergeht, ist weitaus stabiler als ein Selbstwertgefühl, das mit der Beurteilung des eigenen Wertes zusammenhängt. Der Selbstwert, der aus Selbstmitgefühl entsteht, ist nicht so instabil, weil er nicht davon abhängt, ob wir erfolgreich sind oder scheitern. Zudem führt dieser Selbstwert nicht zum Narzissmus. Die Voraussetzung für Selbstmitgefühl ist nicht, dass man sich besser fühlt als andere, sondern dass man sich mit anderen verbunden fühlt. Das Wunderbare daran ist also, dass wir in einer Haltung des Selbstmitgefühls nicht immer die Besten sein müssen. Stattdessen können wir uns dem ganzen Spektrum des Lebens öffnen, für unsere Schwächen und Stärken, für unsere hellen und dunklen Seiten. Wir können alles akzeptieren und uns mit allen anderen verbunden fühlen, weil wir das ganze Spektrum der menschlichen Unvollkommenheiten akzeptieren.

Ich möchte jetzt eine kurze Übung anleiten mit dem Titel: „Uns selbst so sehen, wie wir sind". Diese Übung soll uns helfen, uns selbst klarer zu sehen. Jeder Mensch hat Eigenschaften, die in der Tat überdurchschnittlich gut sind. Wir haben alle auch durchschnittliche Eigenschaften und – ob wir es wollen oder nicht – auch solche, die unter dem Durchschnitt liegen. Diese Übung möchte ich anleiten, um herauszufinden, ob wir uns dieser Wirklichkeit mit Güte und Gelassenheit öffnen können. So können wir uns erlauben, uns in diesem gemeinsamen Merkmal des Menschseins verbunden zu fühlen, statt uns von anderen zu isolieren.

Geführte Übung: Uns selbst so sehen, wie wir sind

Wenn Sie gern schreiben, dann können Sie sich für diese Übung ein Blatt Papier und einen Stift zurechtlegen. Ansonsten können Sie diese Übung einfach innerlich praktizieren.

Wählen Sie drei kulturell wertgeschätzte Eigenschaften aus, bei denen Sie aufrichtig denken, dass Sie darin wahrscheinlich besser als der Durchschnitt sind. Dies sind Ihre Stärken, die bei Ihnen besser ausgeprägt sind als bei anderen. Wir können es hier einfach so als Tatsache hinstellen: Bei welchen drei Eigenschaften sind Sie besser als der Durchschnitt?

Sie müssen nicht bei den drei Eigenschaften aufhören, aber ich schlage vor, dass wir es in dieser Übung auf drei beschränken.

…

Nun bitte ich Sie, an drei kulturell wertgeschätzte Eigenschaften zu denken, bei denen Sie wahrscheinlich durchschnittlich gut sind. In Bezug auf diese Eigenschaften sind Sie einfach nicht besser als andere.

…

Denken Sie jetzt an drei kulturell wertgeschätzte Eigenschaften, bei denen Sie ehrlich gesagt schlechter sind als der Durchschnitt. Dies sind unsere Schwächen, Eigenschaften, bei denen wir nicht so gut sind wie die meisten anderen. Dabei lassen wir Selbstkritik oder Selbstverurteilungen beiseite. Wir akzeptieren einfach, dass alle Menschen Stärken und Schwächen haben. Welche Schwächen haben Sie?

…

Denken Sie nun an das ganze Spektrum von Eigenschaften, die Sie gerade bei sich selbst festgestellt haben – die Aspekte, bei denen Sie besser als der Durchschnitt, durchschnittlich oder schlechter als der Durchschnitt sind. Wenn Sie diese Eigenschaften noch nicht aufgeschrieben haben, dann nehmen Sie sich später einen Moment Zeit, um sie zu notieren. Betrachten Sie diese Aspekte und Facetten Ihres Selbst. Können Sie dabei versuchen, die Tatsache, dass Sie in manchen Bereichen durchschnittlich sind, nicht nur zu akzeptieren, sondern sogar zu genießen? Und dann gibt es Aspekte, bei denen Sie unter dem Durchschnitt liegen und solche, bei denen Sie über dem Durchschnitt liegen, und all dies ist völlig in Ordnung. Können Sie dieses ganze Spektrum der menschlichen Erfahrung in all seiner Komplexität akzeptieren? Ein Mensch zu sein bedeutet, in vielerlei Hinsicht durchschnittlich zu sein. Können wir die Erfahrung des Menschseins auf diesem Planeten in all der Komplexität und all dem Zauber akzeptieren und sogar genießen? Denn wenn wir etwas genauer darüber nachdenken, können wir sehen, dass Vollkommenheit ziemlich langweilig wäre. Können Sie sich vorstellen, dass Ihre Eigenschaften und meine Eigenschaften alle vollkommen perfekt, besser und überdurchschnittlich gut wären? Und die aller anderen auch? (Wir fantasieren nur, denn logisch ist das ja unmöglich.) Dann wären wir ein Land, das von Barbie- und Kenpuppen bewohnt würde. Wäre das nicht ziemlich uninteressant und langweilig? Unsere Unvollkommenheiten, unsere Schwächen, unsere

Schwierigkeiten machen das Leben lebenswert. Sie machen aus dem Leben ein Wunder. Was wäre, wenn wir der perfekte Mensch wären, der wir sein wollen, und alle anderen die perfekten Menschen wären, die sie sein wollen? Wir würden vor Langeweile sterben. Können wir uns dem Hellen und dem Dunklen, den Stärken und den Schwächen öffnen und sie akzeptieren? Können wir für all dies unser Herz öffnen? Hier wird das Selbstmitgefühl wichtig, denn es kann uns mit dieser Qualität der Akzeptanz und mit dem Zauber des Menschseins, den wir alle miteinander teilen, erfüllen.

Selbstmitgefühl und Fürsorge für andere

Ein Empfinden für unsere gemeinsame Menschlichkeit ist zentral für die Fähigkeit, mit uns selbst mitfühlend umzugehen. Dafür ist es wichtig, dass wir uns dessen bewusst sind, dass wir, so wie alle Menschen, Mitgefühl verdienen. Unsere Kultur gibt der mitfühlenden Haltung gegenüber anderen Menschen zwar einen hohen Stellenwert, aber ganz anders ist es mit dem Mitgefühl für uns selbst, hier erhalten wir eher die Botschaft, dass Selbstmitgefühl unnötig ist, weil wir uns damit in Selbstmitleid und Selbstbezogenheit begeben. Die zugrunde liegende Annahme ist, dass wir alle schwach werden und uns nicht mehr motivieren können, wenn wir uns selbst Mitgefühl geben. Die meisten von uns wurden also nicht mit der Wertschätzung für die Bedeutung des Selbstmitgefühls erzogen. Diese Situation hat viele negative Wirkungen, eine davon ist eine besondere Form der Trennung. Wenn wir anderen Menschen Selbstmitgefühl geben und unser Herz für sie öffnen, aber unser Herz für uns selbst verschließen, schaffen wir ein Gefühl des Getrenntseins von anderen Menschen. Wenn ich Sie freundlich und mit Fürsorge und Güte behandle, aber mit mir selbst grob und streng umgehe, dann bin ich automatisch getrennt von Ihnen. Sie zählen als menschliches Wesen, aber mich selbst habe ich einfach aus der Menschheit ausgeschlossen. Dies ist ein weiterer Grund dafür, dass wir uns oft so isoliert fühlen. Wir sehen nicht, wie wichtig es ist, dass wir unser Herz für uns selbst öffnen, wobei wir aber wissen, wie wichtig es ist, es für andere zu öffnen. Als ich mit der Erforschung des Selbstmitgefühls begann, ging ich einfach von der Annahme aus, dass Mitgefühl für uns selbst und für andere einander bedingen. Das heißt, wenn man sehr mitfühlend mit anderen umgeht, dann wird man auch sich selbst gegenüber Mitgefühl empfinden. Aber in meiner Forschungsarbeit habe ich etwas anderes gefunden. Manchmal bedingen sich die beiden Arten von Mitgefühl tatsächlich in gewisser Weise, aber es gibt viele Menschen – und Sie sind vielleicht einer von ihnen –, die mit anderen Menschen freundlich, fürsorglich, offenherzig, großzügig, mitfühlend umgehen, aber sich selbst ganz anders behandeln. Ich habe Kinderonkologen getroffen – ein unglaublich schwerer, herzbrechender, fürsorglicher Beruf –, die in ihrer Arbeit engagiert sind und Herausragendes leisten. Aber dann attackieren sie sich selbst, weil sie nicht gut genug sind oder weil sie noch mitfühlender sein sollten, um noch mehr helfen zu können. Meiner Ansicht nach ist es sehr wichtig, dass wir ständig unsere eigene Erfahrung und die Erfahrung anderer im Licht der gemeinsamen menschlichen Erfahrung sehen. Denn jedes Leiden verdient Mitgefühl. Alle Menschen verdienen Güte, Fürsorge und Verständnis. Wenn wir künstliche Trennungen zwischen uns und anderen herstellen, dann verschließen wir unser eigenes Herz. Diese Haltung kann für Menschen, die sich um andere kümmern, zu einem großen Problem werden. Die meisten von uns kümmern sich in der einen oder anderen Weise um andere Menschen. Viele arbeiten in Berufen, in denen es um die Fürsorge für andere geht, als Lehrer, in Pflegeberufen, als Ärzte oder Therapeuten. Und viele von uns haben Kinder oder wir haben Freunde, die uns in schwierigen Situationen um Rat fragen. Wir sind in Beziehungen, in denen unser Partner Fürsorge und Unterstützung braucht. Unsere Eltern werden älter und auch sie brauchen unsere Fürsorge und Unterstützung. Die meisten von uns übernehmen also in einigen Beziehungen im Leben eine fürsorgliche Rolle. Wir kümmern uns um die Menschen, die uns brauchen, sind für sie da und öffnen ihnen unser Herz. Wenn wir aber unser Herz für uns selbst verschließen, dann werden wir schließlich in einem Burn-out landen. Dies wird dann als „Burn-out in Pflegeberufen“ (*caregiver burnout*) oder als „Mitgefühlserschöpfungssyndrom“ (*compassion fatigue*) bezeichnet. In der Psychologie wird das Mitgefühlserschöpfungssyndrom mittlerweile etwas anders verstanden als noch vor einigen Jahren. Einige Psychologen sind der Ansicht, dass wir diesen Zustand des Burn-out besser als „Empathieerschöpfungssyndrom" bezeichnen sollten.

Was ist Empathie? Empathie bedeutet, dass wir mit den Emotionen eines anderen Menschen in Resonanz sind. Wenn jemand anderes unter einem Schmerz leidet, dann spüren wir den Schmerz auch in uns. Einige Forscher gehen davon aus, dass wir spezialisierte Spiegelneuronen besitzen, die uns dabei helfen, uns mit anderen zu verbinden. Diese Neuronen haben sich in der Evolution wohl entwickelt, damit wir einschätzen konnten, ob unser Gegenüber uns freundlich oder feindlich gesinnt war. Durch die Spiegelneuronen können wir spüren, welche Emotionen der andere empfindet, denn wir spüren sie in uns selbst. Wenn wir uns um einen Menschen kümmern, der in irgendeiner Form leidet, dann bemerken wir seinen emotionalen Schmerz in unserem eigenen Körper und in unserem Gehirn. Die Schmerzzentren in unserem Gehirn werden aktiviert, wenn wir für den Schmerz eines anderen Menschen Resonanz und Empathie empfinden. Es ist aber problematisch, wenn wir nur den Schmerz anderer auf uns nehmen, ohne unser eigenes Leiden zu lindern.

Durch diesen empathischen Schmerz oder empathischen Stress können wir uns leicht erschöpfen und ein Burn-out entwickeln. Mitgefühl unterscheidet sich von Empathie: Mitgefühl in seiner vollen Bedeutung bezieht sich auf Güte, Fürsorge, Anteilnahme und die Wertschätzung der Verbundenheit. Das Empfinden von Mitgefühl trennt uns nicht von anderen, sondern umarmt alle leidenden Wesen, denn das Herz des Mitgefühls ist grenzenlos. Mitgefühl ist ein positives und wunderbares Gefühl. Die Neurowissenschaft hat gezeigt, dass beim Empfinden von Mitgefühl die Zentren in unserem Gehirn aktiviert werden, die mit Freude und Belohnung verbunden sind. Es fühlt sich also gut an, mitfühlend zu sein.

In einer schwierigen Situation, in der wir uns um andere Menschen kümmern, die viel Schmerz erfahren, ist es wichtig, dass wir sowohl dem anderen Menschen als auch uns selbst Mitgefühl geben. Dadurch wird die Erfahrung zwar immer noch schmerzvoll sein, aber sie wird durch Fürsorge, Offenherzigkeit und Verbundenheit zu einer positiven emotionalen Erfahrung. Wenn wir uns selbst und anderen Menschen Mitgefühl geben, erreichen wir eine tiefe emotionale Resilienz, um für andere da sein zu können, wenn sie uns brauchen. So können wir verhindern, dass wir vom Schmerz anderer überwältigt werden.

In meinem eigenen Leben ist diese Haltung des Mitgefühls für andere und für mich selbst sehr wichtig geworden. Ich habe schon erwähnt, dass mein Sohn autistisch ist. Vor allem, als er kleiner war, hat diese Erkrankung meine Fähigkeit, mit unserer Beziehung umzugehen und mich um ihn zu kümmern, sehr herausgefordert. Autistische Kinder sind leicht frustriert und können extreme Wutanfälle bekommen. Zu viele Sinneseindrücke führen zu Überforderung, sie können nicht damit umgehen und empfinden körperliche und seelische Schmerzen. Es ist herzzerreißend, vor allem, wenn das eigene Kind unter dieser Krankheit leidet. Glücklicherweise hatte ich zum Zeitpunkt der Diagnose meines Sohnes schon einige Jahre Selbstmitgefühl geübt. Diese Praxis des Selbstmitgefühls wurde am stärksten, wenn ich für Rowan da sein musste. Stellen Sie sich diese Situation vor: Ich saß allein mit Rowan im Flugzeug und wollte nach England fliegen, um meinen Mann zu besuchen. Es war zu einer Zeit, als Rowan emotional besonders instabil war. Plötzlich bekam er einen extrem heftigen Wutanfall. Er schrie so laut, wie er konnte, und schüttelte seinen Körper. Alle Passagiere im Flugzeug schauten uns genervt und vorwurfsvoll an. Einige versuchten, mitfühlend zu sein, aber ich spürte, wie verärgert sie über diese

Störung waren. Was sollte ich tun? Immerhin waren wir in einem Flugzeug und ich konnte nicht einfach aussteigen. Da kam mir die Idee, mit ihm zur Toilette zu gehen, wo man die Schreie vielleicht nicht so hören konnte. Aber als wir bei den Toiletten ankamen, waren sie besetzt. Wo konnte ich in so einer schwierigen Lage eine Zuflucht finden? Es war ein Moment intensiven Schmerzes, mein Sohn litt unter dem Wutanfall und ich litt unter der Verzweiflung, wie ich mit der Situation umgehen sollte. Die einzige Zuflucht, die mir blieb, war Mitgefühl. Mitgefühl für Rowan, der unter diesem Anfall litt; ich wusste nicht einmal, was der Auslöser gewesen war. Und Mitgefühl für mich selbst, denn für mich schien es eine hoffnungslose Situation zu sein, und ich wusste nicht, was ich tun sollte. Deshalb gab ich meinem Sohn und mir selbst mein ganzes Mitgefühl. In einigen Momenten musste ich fast alles Mitgefühl nur auf mich selbst richten, damit mein Herz offen bleiben konnte, um mit meinem Sohn präsent und emotional verbunden zu bleiben. Weil ich mir selbst Mitgefühl geben konnte, war ich in der Lage, mich selbst zu trösten und zu beruhigen. Rowan, der emotional mit mir in Resonanz war, konnte spüren, dass ich ruhiger und gelassener wurde. Schließlich konnten wir zusammen in eine Resonanz kommen, in der wir uns beide beruhigten. Durch dieses Spüren des Mitgefühls für mich selbst konnte ich zentrierter und präsenter sein, und so konnte auch Rowan seine Mitte und Präsenz finden. Indem ich mich selbst getröstet und beruhigt hatte, war ich in der Lage, ihm direkt mehr Trost und Ruhe zu geben. Und ich konnte ihm indirekt vermitteln, sich getröstet und beruhigt zu fühlen, weil er sich mit meinem mentalen und emotionalen Zustand verband. Die meiste Energie richtete ich also auf mich selbst, um in diesem Moment mich selbst zu trösten und zu beruhigen. In dieser Situation entstand mein Mantra des Selbstmitgefühls: „Dies ist ein Moment des Leidens. Leiden ist ein Teil des Lebens. Möge ich in diesem Moment freundlich mit mir umgehen. Möge ich mir selbst das Mitgefühl geben, das ich brauche." Immer wieder sagte ich mir innerlich diese Sätze, spürte meine beruhigende, tröstende Berührung, wobei ich gleichzeitig dafür sorgte, dass sich mein Sohn nicht verletzte.

Das ist das Geschenk des Selbstmitgefühls. Ob wir mit unserem eigenen Schmerz oder dem Schmerz anderer umgehen, wenn wir unser Herz öffnen und uns selbst im Kreis des Mitgefühls umfassen, dann steht uns ein Ozean, ein Universum der emotionalen Resilienz zur Verfügung. Darin können wir unsere Zuflucht finden.

Ich möchte nun eine weitere Meditation anleiten, für jene Menschen, die andere pflegen.

Übung 8 Gelassenheit und Mitgefühlspraxis für Menschen, die andere pflegen

5

Der Umgang mit schwierigen Emotionen

Das Thema dieses Kapitels ist der Umgang mit schwierigen Emotionen. Dazu biete ich am Ende dieses Kapitels eine Reihe von Übungen an, die es uns ermöglichen, mit dem Leiden und dem Schmerz in unserem Leben umzugehen.

Selbstmitgefühl als eine Ressource für den Umgang mit schwierigen Emotionen

Selbstmitgefühl ist eine sehr kraftvolle Ressource, die uns helfen kann, mit schwierigen Emotionen umzugehen. Es gibt viele Studien, die diese Wirkung des Selbstmitgefühls belegen konnten. Dabei zeigte sich, dass uns Selbstmitgefühl hilft, mit Fehlschlägen umzugehen. Das wiederum gibt uns die Stärke, es weiter zu versuchen und nicht aufzugeben. Selbstmitgefühl kann uns auch helfen, mit schmerzvollen Situationen wie beispielsweise einer Scheidung umzugehen. Bei chronischen Schmerzen kann uns Selbstmitgefühl nicht nur unterstützen, um besser mit dem Schmerz zurechtzukommen, sondern auch den Schmerz selbst reduzieren. Selbstmitgefühl ist z. B. sehr effektiv bei posttraumatischer Belastungsstörung und kann beispielsweise Soldaten nach Kampfeinsätzen helfen, mit ihren traumatischen Erfahrungen umzugehen. Auch für Menschen, die in der Kindheit Traumata erfahren haben, ist Selbstmitgefühl eine Unterstützung, um diese Erfahrungen zu bewältigen. Wie können wir Selbstmitgefühl nutzen, wenn wir mit schwierigen Emotionen konfrontiert sind?

Wie wir wissen, ist Achtsamkeit ein Kernmerkmal des Selbstmitgefühls. Deshalb möchte ich zunächst eine einfache Praxis des Selbstmitgefühls vermitteln, die uns helfen kann, mit diesen schwierigen Emotionen umzugehen. Dabei werden wir diese Emotionen bemerken und benennen, sobald sie sich zeigen. Einige Achtsamkeitslehrer sagen: „Benenne es, um es zu zähmen" („*Name it to tame it*"). Wenn wir unsere Emotionen benennen, können wir etwas Distanz zu ihnen schaffen und einen inneren Raum öffnen, so dass wir nicht von den Emotionen mitgerissen werden. Wir können eine sanfte mentale Notiz nutzen, um eine Emotion wie Wut, Angst oder Einsamkeit zu benennen und eine freundliche Haltung gegenüber der Emotion einzunehmen. So können wir bemerken, dass eine starke Emotion anwesend ist, ohne dass wir sofort darauf reagieren müssten. Hierzu gibt es eine hilfreiche Analogie: Sie sitzen in einem Kino und sehen einen Film, der Angst in Ihnen auslöst. Wenn Sie die Situation dann etwas objektiver betrachten, dann erkennen Sie, dass es nur ein Film ist, den Sie sehen. Diese Form von Objektivität und Distanz zu Ihren Emotionen kann Ihnen auch den Raum geben, Ihre Reaktionen bewusst zu wählen.

Übung 9 umfasst dieses Benennen sowie eine weitere sehr hilfreiche Achtsamkeitsmethode, die uns im Umgang mit schwierigen Emotionen unterstützen kann. Wir können die Emotionen in unserem Körper aufspüren, denn wir bezeichnen sie nicht umsonst auch als Gefühle: Wir können alle Emotionen in unserem Körper *fühlen*. Diese Methode bringt uns aus unserem Kopf und unseren Gedanken, in denen wir oft über die Situation nachgrübeln, die zu dieser Emotion geführt hat. Stattdessen spüren wir in dieser Übung die Emotionen direkt und körperlich. Wir spüren z. B. eine Anspannung im Bauch, wenn wir wütend sind und der Körper sich auf einen Kampf vorbereitet. Es ist schwierig, allein im Kopf mit den Emotionen umzugehen, weil die Wut oft durch das Denken noch verstärkt wird. Meist ist es wirkungsvoller, mit Emotionen umzugehen, wenn wir uns dem körperlichen Anteil zuwenden. Wenn wir unsere Emotionen im Körper lokalisieren und verankern, dann bemerken wir oft, dass die schwierigen Emotionen auseinanderfallen und sich verändern. Diese Veränderung kann noch verstärkt werden, wenn wir zu diesem körperlichen Gewahrsein eine liebevolle, akzeptierende Beziehung mit unseren schwierigen Emotionen hinzufügen. Die folgende Übung enthält alle drei Elemente: Wir benennen die Emotionen, finden sie im Körper und trösten und beruhigen uns und begegnen unseren Emotionen mit Mitgefühl.

Übung 9 Entspannen, trösten, zulassen

Diese Übung ist für mich besonders wirksam im Umgang mit schwierigen Emotionen. Das Gute daran ist, dass man diese Übung direkt in einer herausfordernden Situation anwenden kann. Wir können die Emotion benennen, sie im Körper spüren und mit diesen Worten arbeiten: entspannen, trösten, zulassen.

Übung 10 Der Umgang mit Wut

Die nächste Übung beschäftigt sich mit der Emotion Wut. Besonders wenn wir von einem anderen Menschen verletzt oder beleidigt werden, fühlen wir uns oft bedroht.

Übung 11 Wie wir uns selbst vergeben

Diese Auseinandersetzung mit unseren schmerzvollsten Emotionen ist sehr herausfordernd. Sie können sich selbst Wertschätzung dafür geben, dass Sie mutig genug waren, um sich diesen Emotionen zu stellen.

6 Unser Leben umarmen

In diesem Kapitel werden wir mit positiven Emotionen arbeiten. Dies ist ein wichtiger Aspekt, wenn wir mit uns selbst freundlich umgehen wollen.

Übung 12 Ein mitfühlender Freund

Lassen Sie uns mit einer entsprechenden Meditation beginnen, die Sie praktisch in das Thema einführt.

Unsere Stärken wertschätzen

Wir haben oft darüber gesprochen, wie wir mitfühlend mit unseren Schwächen, Fehlern und Fehlschlägen umgehen können. Ob Sie es glauben oder nicht, manchmal scheint es für uns noch schwerer zu sein, mit liebender Güte auf unsere Stärken und Erfolge zu schauen. Für die meisten von uns ist es einfacher, darüber nachzudenken, was an uns falsch ist, als darüber, was richtig und gut ist. Woran erinnern Sie sich stärker, wenn Sie bei der Arbeit eine Beurteilung bekommen? Hören Sie eher das Lob oder die Kritik? Oft fixieren wir uns auf kritische Äußerungen, auch wenn es unbedeutende Bemerkungen sind. Aber wenn wir ein Kompliment bekommen, dann prallt es wieder direkt von uns ab. Wir sind schon merkwürdig: Wir möchten besser sein als der Durchschnitt, aber an der Spitze ist es auch sehr einsam. Das Fokussieren auf unsere Schwächen und Fehler ist etwas, das wir sehr gut kennen, eine Haltung, mit der wir uns arrangiert haben. Oft haben wir auch Angst davor, arrogant zu werden. Wir wollen vermeiden, dass ein Fokus auf das Lob, auf unsere Stärken und guten Seiten uns überheblich macht. Hinzu kommt, dass wir tiefer fallen können, wenn wir uns selbst in einigen Bereichen als besonders gut erleben. Wie können wir in einer gesunden Weise mit uns selbst zufrieden sein, ohne ständig in die Falle zu tappen, ein hohes Selbstwertgefühl anzustreben oder gar eine narzisstische Haltung zu entwickeln?

Meine Empfehlung dazu ist, dass wir unsere guten Eigenschaften mit liebender Güte wertschätzen sollten. Wenn wir etwas genauer darüber nachdenken, sehen wir, dass zu viel Demut keine fürsorgliche Haltung ist. Würden Sie einem Freund nie ein Kompliment machen und ihn niemals loben? Würden Sie ihm niemals sagen, was Sie an ihm mögen und schätzen? Doch natürlich, denn sonst würden Sie ihn nicht wirklich beachten und wertschätzen. Aber oft beachten wir uns selbst nicht und geben uns selbst keine Wertschätzung. Meiner Ansicht nach hat das Selbstmitgefühl drei Aspekte: Güte, unser gemeinsames Menschsein und Achtsamkeit. Diese Aspekte können wir auf unsere Stärken und Schwächen anwenden. Wir müssen uns zunächst durch Achtsamkeit unserer Stärken bewusst werden, wir müssen sie bemerken und sollten sie nicht als selbstverständlich sehen. Um mitfühlend mit uns selbst umzugehen, müssen wir uns erlauben, Wertschätzung und Dankbarkeit für unsere guten Seiten zum Ausdruck zu bringen. Das Entscheidende dabei ist, dass wir dies im Kontext unseres gemeinsamen Menschseins tun. Es ist keine arrogante Haltung, wir erinnern uns nur daran, dass jeder von uns Stärken und Schwächen hat. Dies ist ein Teil unserer Menschlichkeit. Wenn wir unsere eigene Schönheit wertschätzen, müssen wir uns nicht besser als andere fühlen, weil jeder Mensch wunderbare Eigenschaften hat. Dazu gibt es ein schönes Zitat von Marianne Williamson, der Autorin des Buches *Rückkehr zur Liebe*:

> *„Unsere tiefste Angst ist nicht, ungenügend zu sein.*
>
> *Unsere tiefste Angst ist, dass wir über alle Maßen kraftvoll sind.*
>
> *Es ist unser Licht, nicht unsere Dunkelheit, was wir am meisten fürchten.*
>
> *Wir fragen uns, wer bin ich denn, um von mir zu glauben, dass ich brillant, großartig, begabt und einzigartig bin?*
>
> *Aber genau darum geht es, warum solltest du es nicht sein?*
>
> *Du bist ein Kind Gottes.*
>
> *Dich klein zu machen nützt der Welt nicht.*

Es zeugt nicht von Erleuchtung, sich zurückzunehmen, nur damit sich andere Menschen um dich herum nicht verunsichert fühlen.

Wir alle sind aufgefordert, wie Kinder zu strahlen.

Wir wurden geboren, um die Herrlichkeit Gottes, die in uns liegt, auf die Welt zu bringen.

Sie ist nicht in einigen von uns, sie ist in jedem.

Und indem wir unser eigenes Licht scheinen lassen, geben wir anderen Menschen unbewusst die Erlaubnis, das Gleiche zu tun.

Wenn wir von unserer eigenen Angst befreit sind, befreit unser Dasein automatisch die anderen."

Übung 13 Selbstwertschätzung

Die unterstützenden Wirkungen positiver Emotionen

Eine der wichtigsten unterstützenden Wirkungen des Selbstmitgefühls besteht darin, dass es uns nicht nur hilft, mit negativen Emotionen umzugehen, sondern auch positive Emotionen aktiviert. Wenn wir uns selbst Mitgefühl geben, dann öffnen wir unser Herz. Ein offenes Herz fühlt sich gut, lebendig und kraftvoll an. Dies sind positive Emotionen, kein positives Denken! Es ist wichtig, dass wir beides voneinander unterscheiden. Selbstmitgefühl ist kein positives Denken, denn wenn wir ständig positiv denken, dann vermeiden wir subtil die Wahrheit der Negativität. Denn es gibt natürlich negative Gedanken und Emotionen, die ein Teil unserer Erfahrung sind. Auch sie müssen wir wertschätzen. Das ist sehr wichtig, denn wenn wir uns gegen negative Emotionen wehren, werden sie meist nur noch stärker. Aber so, wie wir negative Emotionen nicht vermeiden oder ignorieren sollten, so ist es auch wichtig, positive Emotionen aktiv zu kultivieren. So können wir sowohl das Negative als auch das Positive annehmen. Denn das ist das ganze Spektrum des Lebens: Das Glas ist gleichzeitig halb leer und halb voll. Aber meist konzentrieren wir uns mehr auf die Sorgen als auf die Freude.

Wir Menschen haben eine Vorliebe für das Negative. Der Geist zieht negative Emotionen an und stößt positive ab. Aufgrund dieser Vorliebe für das Negative müssen wir absichtsvoll unsere Aufmerksamkeit auf die positiven Erfahrungen richten, damit wir ein wirklich ausgeglichenes Gewahrsein entwickeln können. Eine der besten Meditationen, die wir nutzen können, um positive Emotionen zu kultivieren, ist meiner Ansicht nach der „Spaziergang der Freude". Diese Übung praktizieren Sie draußen im Freien und dabei konzentrieren Sie sich während eines Spaziergangs absichtsvoll auf das Schöne. Am wirkungsvollsten ist es, wenn Sie diesen Spaziergang in der Natur machen. Sie achten einfach auf alles, was Ihnen voller Schönheit zu sein scheint. Es kann ein Vogel, ein Baum oder der Sonnenschein sein. Versuchen Sie, all Ihre Sinne zu nutzen. Es ist noch wirkungsvoller, wenn Sie diesen Spaziergang barfuß machen können. Wie fühlt sich das Gras an? Wie klingt der Gesang der Vögel? Spüren Sie eine Brise auf der Haut? Erfahren Sie alles, was schön ist. Achten Sie auch auf die kleinen Einzelheiten, wie die Unterseite eines Blattes oder die Berührung der rauen Baumrinde. Dieser „Spaziergang der Freude" ist sehr belebend, deshalb möchte ich Ihnen diese Übung ganz besonders empfehlen.

Einer der Gründe, warum es so wichtig ist, positive Emotionen zu kultivieren, liegt darin, dass sie einen evolutionären Vorteil haben. Barbara Fredrickson, eine bekannte Sozialpsychologin, hat die *Broaden-and-Built*-Theorie entwickelt. Sie geht davon aus, dass der Zweck negativer Emotionen darin liegt, dass sie den Fokus unserer Aufmerksamkeit verengen. Wenn wir damals in der Steppe ein Rascheln im Gras hörten, tauchte wie ein Blitz die Frage auf: Was ist das? Ist es ein Löwe? Dazu brauchten wir einen sehr engen Fokus der Aufmerksamkeit. Hoffentlich stellten wir dann fest, dass es kein Löwe war, sondern ein Warzenschwein. Aber um das festzustellen, müssen wir unsere Aufmerksamkeit fokussieren, und dabei helfen uns die negativen Emotionen wie beispielsweise Angst. Auch die positiven Emotionen haben eine evolutionäre Bedeutung, durch sie können wir unsere Aufmerksamkeit weiten und nach Möglichkeiten suchen. Wir bemerken, was in unserer Umgebung passiert, was sehr hilfreich ist, wenn wir essbare Beeren, Trinkwasser oder einen guten Platz zum Übernachten finden wollen. Durch positive Emotionen können wir Gelegenheiten wahrnehmen und sehen nicht nur die Probleme. Helen Keller sagte einmal:

„Wenn cine Tür des Glücks sich schließt, öffnet sich eine andere, aber oft starren wir solange auf die geschlossene Tür, dass wir die, die sich uns geöffnet hat, nicht mehr sehen."

Wir verbringen viel Zeit damit, Fehler, Probleme und schwierige Situationen zu vermeiden. Aber manchmal sind es gerade unsere Schwierigkeiten, die uns weiterbringen. In schwierigen Zeiten werden wir aufgefordert, tiefer in uns selbst zu schauen, so dass wir etwas Wichtiges, eine Stärke in uns finden, die uns durch diese Schwierigkeiten führen kann. Oft lernen wir etwas über uns selbst, wir bemerken, dass wir stärker und mutiger sind, als wir dachten. Oder wir lernen etwas über das Leben, z. B., dass alle Menschen sowohl gute als auch schlechte Seiten haben. Wenn wir nicht durch diese schwierige Situation gegangen wären, hätten wir diese Lektionen nicht lernen können.

Wir können also sagen, dass fast jede schwierige Erfahrung eine gute Seite, einen Lichtblick, enthält. In unseren Problemen verbirgt sich ein tiefer Wert. Denken Sie an eine schwierige Situation in Ihrem Leben, die aussichtslos erschien und für die Sie keine Lösung wussten. Sie hatten keine Ahnung, wie Sie diese Situation durchstehen sollten. Rückblickend erkennen Sie aber, dass in Wirklichkeit etwas sehr Wichtiges für Sie daraus entstanden ist.

Auf den beigefügten CDs ist die Übung „Lichtblicke“ diesem Thema gewidmet. Doch Lichtblicke wahrzunehmen ist mehr als eine Übung, es ist eine Haltung, die wir jederzeit einnehmen können, wenn wir mit Schwierigkeiten konfrontiert sind.

Übung 14 Lichtblicke

Wir können uns immer auf die potentiell positiven Ergebnisse unserer Schwierigkeiten konzentrieren. Dies kann uns dabei helfen, die Situation nicht ganz so negativ zu sehen, sondern zu einer ausgeglichenen Wahrnehmung des Negativen und des Positiven zu kommen. Mein Lichtblick ist mein Sohn Rowan.

„Der Pferdejunge“

Als bei Rowan Autismus diagnostiziert wurde, dachte ich, es wäre eine Tragödie, das Schlimmste, was mir je passiert war. Aber es stellte sich heraus, dass es das Wunderbarste war, was mit je passiert ist – nicht trotz des Autismus, sondern wegen dieser Krankheit. Ich habe schon einige Male über die Herausforderungen mit Rowan berichtet. Und in jungen Jahren gab es viele solcher herausfordernden Situationen. Er geriet schnell in schreckliche Wutanfälle, die Erziehung zur Sauberkeit war sehr schwierig, er wurde leicht frustriert und seine Sprachentwicklung war verzögert, weshalb es oft schwer war, mit ihm zu kommunizieren. Aber trotz alldem ist er ein wunderbarer Sohn. Von klein auf war er ein bezauberndes, süßes, liebevolles, lustiges Kind. Er ist immer für eine Überraschung gut und sieht die Welt in einer einzigartigen Weise, die mir immer wieder große Freude bereitet. Ein positiver Aspekt seines Autismus ist auch, dass er sich nicht darum sorgt, was andere Leute über ihn denken. Das führt zwar zu einigen Schwierigkeiten in sozialen Interaktionen, aber darin liegt auch eine unglaubliche Freiheit. Heute ist er zehn Jahre alt, und er kümmert sich nicht darum, was andere denken, wenn er mich umarmt, während wir einkaufen gehen, oder vor Freude die Straße entlanghüpft, wenn er sich danach fühlt. Dabei hat er eine Freiheit, die ich wirklich sehr schätze.

Es gibt noch einen weiteren positiven Aspekt seines Autismus, denn ich weiß, dass ich deswegen zu einer viel besseren Mutter wurde. Zunächst veranlasste es mich dazu, immer sehr aufmerksam für das zu sein, was er brauchte. Ich konnte nichts als gegeben annehmen, ich musste aufmerksam dafür sein, wie ich ihn am besten anspreche oder was er zu einem bestimmten Zeitpunkt brauchte. Als Mutter wurde ich viel sensibler und weniger egozentrisch. Ich weiß, dass meine Entschlossenheit, für ihn da zu sein und ihm mein Herz zu öffnen, wenn er mit starken Emotionen kämpfte, mich viel mitfühlender gemacht hat. Ich war weit mehr dazu in der Lage, mit Herausforderungen umzugehen. Seine Mutter zu sein, war für mich eine tief greifende Wachstumserfahrung.

Von noch größerer Bedeutung war die Tatsache, dass mich Rowans Autismus in das größte Abenteuer meines Lebens geführt hat. Mein Mann Rupert ist ein leidenschaftlicher Reiter, er liebt Pferde. Bevor Rowan geboren wurde, ist er sehr viel geritten. Aber nachdem Rowan seine Diagnose erhalten hatte, dachte er, dass es nicht sicher genug wäre, wenn Rowan in die Nähe von Pferden kommen würde. Deshalb gab

Rupert diese Leidenschaft auf. Aber unser Nachbar Stafford hatte mehrere Pferde und eines Tages gingen Rupert und Rowan einen Feldweg entlang, der an der Pferdekoppel vorbeiführte. Plötzlich kroch Rowan durch das Gatter und stand zwischen mehreren Pferden, die dort weideten. Natürlich hatte Rupert schreckliche Angst, aber dann geschah etwas Erstaunliches. Die Leitstute Betsy senkte ihren Kopf und verscheuchte die anderen Pferde. Sie machte diese schmatzende Geste, die man bei Pferden sieht, wenn sie zeigen wollen, dass sie sich jemand anderem unterordnen. Sofort entstand zwischen Rowan und dem Pferd eine tiefe Verbindung. Es schien, als würde Betsy wissen, dass Rowan besondere Fürsorge brauchte und sie ihn deshalb vor den anderen Pferden schützen müsse. Daraufhin dachte Rupert, dass er Rowan vielleicht das Reiten beibringen sollte. Warum eigentlich nicht? Seitdem gingen die beiden fast jeden Tag zum Reiten, wobei Rowan vor Ruppert auf dem Sattel saß. So konnten sie traben, galoppieren und über die Felder reiten und den Wind im Haar spüren. Rowan liebte es, er lachte, er winkte, ihm ging es einfach gut dabei. Aber es geschah noch mehr und wir wissen nicht, was der Grund war. Auf dem Rücken von Betsy zu sitzen veränderte ihn und er begann zu sprechen. Bis zu diesem Zeitpunkt litt er unter Echolalie, wobei er nur

Worte wiederholte, die andere zu ihm sagten. Aber als er mit Rupert auf Betsy ritt, sprach er seine ersten eigenen Worte. Rowan sprach spontan über die Dinge in seiner Umgebung. Rupert erkannte, dass er mit dieser Erfahrung mit Rowan und dem Pferd auf einer wichtigen Fährte war. Hinzu kam noch ein weiteres interessantes Ereignis: Rupert ist auch ein Aktivist für Menschenrechte und brachte einige Angehörige des Stammes der San, die in Südwestafrika leben und auch als „Buschleute" bezeichnet werden, zu den Vereinten Nationen, wo sie gegen die Vertreibung vom Land ihrer Vorfahren protestierten. Auf dem Weg zu diesem Treffen hörte er von einem großen Treffen von Heilern und Schamanen aus indigenen Völkern, das in Kalifornien stattfand. Und die Buschleute sagten, dass sie gern an diesem Treffen teilnehmen wollten, um andere indigene Heiler kennenzulernen. Wir reisten also alle dorthin, Rupert, Rowan und ich und diese Gruppe von Buschmännern. Es war nicht nur eine wunderbare Erfahrung, all diese besonderen Menschen zu treffen, einige dieser Heiler behandelten Rowan und führten Heilungsrituale mit ihm durch. Und Rowan schien wirklich positiv darauf zu reagieren. Nun bin ich selbst Wissenschaftlerin und war mir nicht ganz sicher, was ich davon halten sollte. Bei Rowan schien sich wirklich etwas verändert zu haben, aber ich war mir nicht ganz klar, was die Ursache war. Doch ich dachte, ich sollte keine voreiligen Schlüsse ziehen, und in gewisser Weise war es auch nicht so wichtig, was genau die Ursache seiner positiven Veränderungen war – wichtiger war, dass es ihm wirklich besser ging.

Nach dieser Begegnung mit den Heilern kehrte er zu seinen normalen Verhaltensmustern zurück, aber dieses Treffen brachte Rupert auf eine verrückte Idee. Er hat viele verrückte Ideen, aber diese war doch ziemlich ungewöhnlich: Er fragte sich, ob es irgendwo einen Ort gibt, wo Schamanismus und Pferde miteinander verbunden sind. Nach einigen Recherchen kam er darauf, dass die Mongolei genau solch ein Ort ist. Man sagt sogar, dass die Pferde ursprünglich aus der Mongolei stammten, und noch heute gibt es dort Wildpferde. Zudem sind die zwei offiziellen Staatsreligionen der Mongolei Buddhismus und Schamanismus. Rupert hatte also die Idee, in die Mongolei zu reisen und zu Pferd verschiedene Schamanen zu besuchen. Sie können sich wahrscheinlich vorstellen, wie ich auf diese Idee reagiert habe. Es war schon schwer genug, mit Rowan einkaufen zu gehen. Jeden Moment konnte er einen seiner schrecklichen Wutanfälle bekommen, er konnte nicht allein auf die Toilette gehen und er mochte keine Veränderungen.

Deshalb sagte ich Rupert, dass mir solch eine Reise unmöglich erschien. Nachdem wir eine Weile darüber gesprochen hatten, kamen wir zu dem Schluss, dass es zu viel für Rowan wäre, und ich ließ die Idee wieder fallen. Aber Rupert war hartnäckig und überlegte weiter, wie er seinen Plan doch noch umsetzen könnte. Zwei Jahre später war es soweit, Rupert sagte, dass er dieser Idee auf jeden Fall folgen müsse, weil er dieses starke Bauchgefühl habe. Ich hörte ihm zu und dachte schließlich, dass es auf jeden Fall ein großes Abenteuer wäre.

Sobald wir die Entscheidung getroffen hatten, in die Mongolei zu fliegen, kauften wir mit unserem letzten Geld die Flugtickets. Dann geschah etwas Unerwartetes: Rupert ist auch Autor und hatte ein Buchexposé geschrieben. Der Titel des Buches sollte „Der Pferdejunge" sein und die Erlebnisse während unseres Abenteuers beschreiben. Plötzlich bewarben sich verschiedene Verlage um das Buch und überboten sich mit den Honoraren, die sie dafür zahlen wollten. Das gab uns schließlich die finanziellen Mittel, auch einen Dokumentarfilm über die Reise zu machen, denn ein guter Freund von uns ist Filmemacher.

So brachen wir in die Mongolei auf, vor uns ein unglaubliches Abenteuer, das ich mir nie hätte träumen lassen. Sobald wir in der Hauptstadt

Ulan Bator ankamen, fuhren wir zu einem Treffen von neun verschiedenen schamanischen Gruppen aus der ganzen Mongolei. Es war, so erfuhren wir, die größte Versammlung von Schamanen seit dem Ende der kommunistischen Ära in der Mongolei. Alle waren sehr freundlich und großzügig und nahmen sich viel Zeit, um Rowan zu helfen, diesem kleinen Jungen, der es in der Welt so schwer hatte. Am ersten Tag, als die Schamanen einige Heilungsrituale mit Rowan durchführten, geschah etwas Faszinierendes. Bis zu diesem Zeitpunkt hatte Rowan sich mit niemandem wirklich angefreundet, es fiel ihm sehr schwer, mit anderen Kindern zu spielen. Unser Reiseführer Tulka hatte einen Sohn namens Tamo, und kurz nach dem Ende der Zeremonie begannen Rowan und Tamo miteinander zu spielen. Sie redeten miteinander und spielten Fangen, es war ein wunderbarer Anblick. Vielleicht fiel es Rowan leichter, mit dem fremden Jungen zu spielen, weil Tamo kein Englisch sprach und sie anders kommunizieren mussten. Es war wirklich etwas Besonderes, es war das erste Mal, dass sich Rowan mit einem anderen Jungen anfreundete – kurz nachdem wir die erste schamanische Heilung durchlaufen hatten. Meine skeptische Haltung gegenüber den Heilungsritualen war zwar immer noch da, aber die Veränderung, die ich an Rowan sah, war einfach zu deutlich.

Danach folgte der abenteuerliche Teil unserer Reise. Rupert hatte das starke intuitive Gefühl, dass der Schamane, der uns wirklich helfen konnte, ein sehr kraftvoller Heiler namens „Ghost“ war, von dem er schon gehört hatte. Er war vom Stamme der Dukha, auch Rentierleute genannt, eine alte indigene Gruppe von Rentierhirten, die in der nördlichen Mongolei leben. Einige glauben, dass die Menschen dieses Stammes die Vorfahren der Ureinwohner Nordamerikas waren, die vor langer Zeit die Beringstraße überquert hatten und sich in Nordamerika ansiedelten.

Der einzige Hinweis, den wir hatten, war also der Name „Ghost“ und wir wussten, dass der Stamm der Dukha sozusagen am Ende der Welt lebte, ganz im Norden der Mongolei, in einer Gegend, die nur mit Pferden erreichbar war. So ritten wir eine Woche lang, fern jeder Zivilisation, wir sahen keine Häuser oder Straßen, es gab keine Elektrizität und kein fließendes Wasser. Glücklicherweise hatten wir Helfer, die unsere Zelte aufbauten und uns beim Kochen halfen. Wir waren also nicht allein, aber dennoch war es ganz schön furchteinflößend. Und auch für Rowan war es herausfordernd. Ich hatte schon erwähnt, dass er nicht allein auf die Toilette gehen konnte. Wir hatten schon einiges mit ihm ausprobiert. Eine Bekannte hatte mir gesagt, wir sollten einfach die Windeln weglassen, dann wäre es so unangenehm für ihn, dass er schon lernen würde, rechtzeitig auf die Toilette zu gehen. Doch das hatte auch nichts genutzt. Wir wollten aber auch nicht zu den Windeln zurückkehren. Stellen Sie sich also vor, draußen in der Steppe zu sein, mit einem fünfjährigen Kind, das nicht auf die Toilette geht – und es gibt weit und breit kein fließendes Wasser. Das war wirklich eine Herausforderung, manchmal gab es zwar einen Bach oder einen Fluss, aber damit umzugehen, brachte mich wirklich an meine Grenze. Oft dachte ich, Gott sei Dank habe ich die Praxis des Selbstmitgefühls, die mir hilft! Während dieser Reise brauchte ich sie sehr oft, aber durch die Praxis konnte ich offen bleiben und die Tatsache annehmen, dass ich in einer schwierigen Situation war. Ich konnte mich trösten und weitergehen, um den Herausforderungen gerecht zu werden.

Schließlich erreichten wir den Platz, wo die Rentierleute lebten: Während der Reise waren wir etwas nervös, ob wir sie überhaupt finden würden, denn sie waren Nomaden. Glücklicherweise fanden wir sie, und der Schamane namens „Ghost“ war auch da. Wir kannten ihn nicht und wussten nicht, was er sagen würde, wenn wir mit einem fünfjährigen Jungen und einer ganzen Gruppe einschließlich einer Filmcrew dort ankommen und ihn bitten würden, eine Heilungszeremonie durchzuführen.

Er war ein wunderbarer, großzügiger Mann und er lud uns in seine Jurte ein und praktizierte zwei Tage lang Rituale für Rowan, während der Junge mit den kleinen Rentieren spielte und sogar auf einem reiten konnte. Es war eine magische Zeit. Nachdem Rowan die Heilungsrituale durchlaufen hatte, benutzte er das erste Mal allein eine Toilette. Es war einfach unglaublich, mein größter Wunsch hatte sich erfüllt! Ich habe keine wissenschaftliche Erklärung dafür, aber es war so. Von dem Zeitpunkt an ging er allein zur Toilette und ist seitdem immer sauber. Wir bemerkten auch, dass er viel seltener Wutanfälle hatte und nach einigen Wochen hatte er gar keine mehr. Sicher war er noch manchmal frustriert, aber das ist etwas ganz anderes als ein autistischer Wutanfall. Auch sein Sprechen verbesserte sich sehr, er hatte sich wirklich vollkommen verändert. Es soll hier nicht der Eindruck entstehen, dass Rowan von seinem Autismus geheilt wurde, denn das war ganz sicher nicht der Fall. Auch heute ist er noch autistisch und das wird wohl immer so bleiben, es gehört zu ihm. Und ganz ehrlich, ich möchte auch gar nicht, dass er anders ist, denn er ist wunderbar, so wie er ist. Aber er wurde von einigen seiner Schwierigkeiten geheilt, beispielsweise keine Freunde finden oder nicht allein auf die Toilette gehen zu können.

Rupert schrieb tatsächlich das Buch *Der Pferdejunge*, das zu einem internationalen Bestseller wurde. Der gleichnamige Dokumentarfilm wurde auf dem Sundance Festival und in Kinos gezeigt und lief im Fernsehen. Ich hatte nie gedacht, dass ich einmal auf dem Sundance Filmfestival sein würde – als Darstellerin in einem Film. Wir reisten überall in der Welt herum, um für das Buch und den Film zu werben, und dabei brachten wir Rowan zu einigen anderen Schamanen, um an Heilungsritualen teilzunehmen. Wir reisten z. B. nach Namibia, wo die Buschleute vom Stamme der San eine Heilung durchführten. Im darauffolgenden Jahr reisten wir zu den Aborigines nach Australien und trafen auch dort einen Heiler. Und wir besuchten einen Heiler vom Stamme der Navajo in Arizona. Jedes Mal schien Rowan durch eine Transformation zu gehen. Es ist schwer, zu sagen, ob wir transformiert wurden und dann anders mit ihm umgingen oder ob Rowan sich durch die Heilungen von sich aus veränderte. Für mich war es auch nicht so wichtig. Das Entscheidende ist, dass es ihm heute so gut geht. Diese Geschichte der Lichtblicke sehe ich als ein Beispiel für die Kraft des Selbstmitgefühls. Die Kraft, die sich zeigt, wenn wir unser Herz dem Schmerz öffnen, uns dem Schmerz zuwenden und ihn umarmen. Wir können das, was uns das Leben bringt, umarmen, daraus lernen und uns auch daran erfreuen. Ich bin sehr dankbar dafür, dass mir das Selbstmitgefühl half, durch diese Zeit zu kommen, und natürlich bin ich zutiefst dankbar für meinen wunderbaren Sohn Rowan.

Die Schönheit des Selbstmitgefühls

Die Schönheit des Selbstmitgefühls besteht darin, dass es uns ermöglicht, uns für die eigene Komplexität und die unseres Lebens zu öffnen und sie zu umarmen: unsere Stärken und Schwächen, die guten Erfahrungen und die Schwierigkeiten. Durch Selbstmitgefühl können wir die Fülle des Menschseins in all seiner Schönheit feiern. Wie Khalil Gibran schrieb:

> „Je tiefer sich das Leid in euer Sein eingräbt, desto mehr Freude könnt ihr fassen.
> Ist nicht der Becher, der euren Wein enthält, dasselbe Gefäß, das im Ofen des Töpfers gebrannt wurde?"

Selbstmitgefühl kann Leiden in Freude verwandeln.

Übung 15 Der tiefste Wunsch

Nun möchte ich uns durch eine Meditation des offenen Herzens führen, die in gewisser Weise die Frucht all der Übungen dieses Buches erfahrbar macht.

Selbstmitgefühl im Alltag

Eine wichtige Frage in Bezug auf diese Praxis lautet: Wie kann ich Selbstmitgefühl in meinen Alltag integrieren? In diesem Buch lernen wir verschiedene Übungen, in denen wir erfahren, wie wir Selbstmitgefühl in unserer Sprache zum Ausdruck bringen und wie wir uns selbst mit Selbstmitgefühl motivieren können. Wir lernen die einfache, aber sehr wirkungsvolle Geste der Hände auf dem Herzen, wenn wir in stressvolle Situationen kommen. Wir lernen verschiedene Schreibübungen und wie wir mit Emotionen im Körper arbeiten können. Wir üben zudem verschiedene Meditationen, wie beispielsweise die Meditation der liebenden Güte.

Der erste Schritt für die Anwendung im Alltag besteht darin, dass Sie sich fragen, welche dieser Übungen für Sie besonders wirkungsvoll ist und was Sie besonders tief angesprochen hat. Als nächsten Schritt können Sie die Absicht fassen, so viele dieser Übungen wie möglich in Ihren Alltag aufzunehmen. Ich würde empfehlen, täglich dreißig Minuten zu üben, wenn es Ihnen möglich ist. Das umfasst die formelle Sitzmeditation und informelle Übungen, wie die Aufmerksamkeit auf die

Worte, die Sie in Bezug auf sich selbst benutzen, und die Entwicklung einer unterstützenden Sprache. Für einige Menschen wird die formelle Praxis nur in fünf Minuten Sitzmeditation bestehen. Manchmal macht man auch die Erfahrung, dass man das Sitzen nach fünf Minuten so sehr genießt, dass man viel länger meditieren möchte. Was immer Sie auch tun, bitte kritisieren Sie sich nicht dafür, wenn Sie zu selten die Praxis des Selbstmitgefühls üben. Es ist wichtig, dass Sie in der Grundhaltung dieser Praxis bleiben, die darin besteht, uns selbst zu unterstützen und zu bestärken. Wir wollen es uns nicht noch schwerer machen und uns eine neue Aufgabe stellen, an der wir scheitern können. Dies sind alles Gelegenheiten, um Selbstmitgefühl zu üben. Manchmal finde ich es auch hilfreich, wenn wir jeden Tag unsere Absicht neu formulieren. Wenn ich morgens aufwache, entzünde ich ein Teelicht, das besonders praktisch ist, weil es gefahrlos herunterbrennt. Beim Entzünden der Kerze formuliere ich die Absicht, an diesem Tag so selbstmitfühlend wie möglich mit mir umzugehen und meinem weisen Selbst zu folgen. Das ist eine einfache Übung, die sehr viel verändern kann. Jeden Tag säen wir die Samen der Absicht und bitten um das, was wir wirklich wollen und was uns das Wichtigste ist.

Ich habe auch eine Webseite eingerichtet: www.self-compassion.org, die als eine offene Fundgrube gedacht ist. Darauf gibt es kurze Videos, die Selbstmitgefühl beschreiben, die man auch an Freunde schicken kann, die mehr darüber wissen möchten. Auf der Webseite finden Sie auch einige Übungen, mehrere geführte Meditationen und so gut wie jeden wissenschaftlichen Fachartikel über Selbstmitgefühl, der bisher geschrieben wurde, wenn Sie dies interessiert. Natürlich können Sie auch jederzeit zu den geführten Übungen zurückkommen, die in diesem Buch enthalten sind.

Vielen Dank, dass Sie sich mit mir auf diese Reise begeben haben – die Reise zu Ihrem offenen Herzen, durch die Sie Ihr Leben mit Mitgefühl umarmen können. Selbstmitgefühl hat mein Leben vollkommen verändert, und ich hoffe, dass es auch Ihr Leben verändern wird.

Quellen

Fredrickson, B. (2011). *Die Macht der guten Gefühle: Wie eine positive Haltung Ihr Leben dauerhaft verändert.* Frankfurt a. Main: Campus.

Germer, Chr. (2021). *Der achtsame Weg zum Selbstmitgefühl: Wie man sich von destruktiven Gedanken und Gefühlen befreit.* Freiburg: Arbor.

Germer, Chr., Neff, K. (2012). *Achtsames Selbstmitgefühl: Wie man sich von destruktiven Gedanken und Gefühlen befreit*. (Audio-CD) Freiburg: Arbor.

Gilbert, P. (2011). *Wie wir Mitgefühl nutzen können, um Glück und Selbstakzeptanz zu entwickeln und es uns wohl sein zu lassen*. Freiburg: Arbor.

Isaacson, R. (2011). *Der Pferdejunge: Die Heilung meines Sohnes*. Frankfurt am Main: Fischer.

Kornfield, J. (2012). *Das innere Licht entdecken: Heilende Meditationen für schwierige Lebensphasen*. München: Kösel.

Macy, J. (2009). *Geliebte Erde, gereiftes Selbst: Ermutigung zum sozialen Wandel und für eine ökologische Erneuerung*. Paderborn: Junfermann.

Neff, K. (2012). *Selbstmitgefühl: Wie wir uns mit unseren Schwächen versöhnen und uns selbst der beste Freund werden*. München: Kailash.

Neff, K. (2020). *Selbstmitgefühl – Das Übungsbuch. Ein bewährter Weg zu Selbstakzeptanz, innerer Stärke und Freundschaft mit sich selbst.* Freiburg: Arbor.

Nepo, M. (2011). *Ankommen im Jetzt! Inspirationen und Meditationen für jeden Tag im Jahr*. Burgrain: Koha.

Scott, M. O. (2011). *Der Pferdejunge*. (DVD) Indigo.

Waters, M. S. (2004). *Girls Club – Vorsicht bissig!* DVD Paramount Home Entertainment.

Wiseman, R. (2009). *Queen Bees und Wannabes.* New York: Harmony.

Kristin Neff

ist Professorin für Psychologie und Persönlichkeitsentwicklung an der Universität von Texas in Austin. Sie war die Erste, die das buddhistische Konzept des Selbstmitgefühls psychologisch erforschte. Darauf aufbauend entwickelte sie, gemeinsam mit Christopher Germer, das achtwöchige Programm „Achtsames Selbstmitgefühl".

Sie praktiziert seit 1997 buddhistische Meditation. Kristin Neff und ihre Familie waren die Protagonisten des preisgekrönten Buches und Dokumentarfilms *Der Pferdejunge*.

Auf der englischsprachigen Website *self-compassion.org* stellt Kristin Neff ihre Arbeit dar.

Christine Brähler

ist Psychologische Psychotherapeutin in privater Praxis in München und wissenschaftliche Mitarbeiterin am Institute of Mental Health and Wellbeing an der University of Glasgow. Ihr Spezialgebiet sind achtsamkeits- und mitgefühlsbasierte Interventionen in der Behandlung von komplexen psychischen Störungen.

Christine Brähler ist Achtsamkeitslehrerin und anerkannte Kursleiterin des Programms „Achtsames Selbstmitgefühl“ nach Christopher Germer und Kristin Neff. Zusätzlich wurde sie von Paul Gilbert in der „Compassion Focused Therapy“ ausgebildet.

Ausführliche Informationen zu Christine Brähler und ihrer Arbeit finden Sie auf *www.selbstmitgefühl.de*

Lienhard Valentin

praktiziert seit 30 Jahren Vipassanā-Meditation und ist als Kursleiter international in der Integration von Achtsamkeit und Mitgefühl in Familie, Therapie und Gesellschaft tätig. Er steht in regelmäßigem Kontakt mit Rick Hanson, Jon Kabat-Zinn und anderen führenden Vertretern achtsamkeitsbasierter Verfahren. 2011 hat er die Ausbildung *Achtsamkeit leben – Achtsamkeit lehren* ins Leben gerufen, die von Arbor-Seminare an verschiedenen Orten in Deutschland und Österreich angeboten wird.

Wichtiger Hinweis

Die Ratschläge zur Selbstbehandlung in diesem Buch sind von der Autorin und vom Verlag sorgfältig erwogen und geprüft worden. Dennoch kann eine Garantie nicht übernommen werden. Bei ernsthafteren oder länger anhaltenden Beschwerden sollten Sie auf jeden Fall einen Arzt oder einen Heilpraktiker Ihres Vertrauens zu Rate ziehen. Eine Haftung der Autorin oder des Verlages für Personen-, Sach- und Vermögensschäden ist ausgeschlossen.

Nutzungsrechte

Der Herausgeber überträgt auf Einzelpersonen, die dieses Buch käuflich erworben haben, das nicht übertragbare Recht, die Audiodateien auf *www.arbor-verlag.de/neff/s-sfs* herunterzuladen und zu streamen. Dieses Recht ist beschränkt auf Sie, die persönliche Käufer:in, für privaten Gebrauch. Dieses Recht umfasst nicht Recht, diese Materialien für Weiterverkauf, Weiterverteilung, das Senden oder alle anderen Verbreitungswege zu reproduzieren. (einschließlich aber nicht ausschließlich als Buch, Flugblatt, Artikel, Video- oder Audiodatei, Blog, Datentauschplattform, Internet- oder Intranetseite, Kursblätter oder Präsentationsmedien für Vorträge, Kurse oder online-Seminare, gleich, ob kostenpflichtig oder nicht), als Audio-Daten oder in Abschrift. Die Erlaubnis, diese Materialien zu reproduzieren muss in schriftlicher Form vom Verlag vorliegen.

Geführte Übungen

Sie finden die Übungen online unter www.arbor-verlag.de/neff/s-sfs
Geben Sie dort den Buchcode **sp4q29** ein.

1	Die Pause mit Selbstmitgefühl	11 Minuten
2	Liebevolles Atmen	19 Minuten
3	Liebende Güte und Mitgefühl	11 Minuten
4	Meditation der liebenden Güte	16 Minuten
5	Eine grundlegende Achtsamkeitsmeditation	14 Minuten
6	Mitfühlender Körper-Scan	36 Minuten
7	Den Kreis unserer liebenden Güte erweitern	17 Minuten
8	Gelassenheit und Mitgefühlspraxis für Menschen, die andere pflegen	11 Minuten
9	Entspannen, trösten, zulassen	20 Minuten

10	Der Umgang mit Wut	15 Minuten
11	Wie wir uns selbst vergeben	13 Minuten
12	Ein mitfühlender Freund	11 Minuten
13	Selbstwertschätzung	5 Minuten
14	Lichtblicke	6 Minuten
15	Der tiefste Wunsch	13 Minuten

Weitere Literatur aus dem Arbor Verlag

Auch als E-Book erhältlich

Christopher Germer

Der achtsame Weg zum Selbstmitgefühl

Wie man sich von destruktiven Gedanken und Gefühlen befreit

Wir können lernen, mit Kummer und Leid auf eine andere, gesündere Art und Weise umzugehen. Anstatt schwierigen Gefühlen mit erbittertem Widerstand zu begegnen, können wir unseren Schmerz anschauen, beobachten und mit Freundlichkeit und Verständnis darauf reagieren. Das ist Selbstliebe: Wenn wir uns voller Mitgefühl so um uns selbst kümmern, wie wir es bei einem geliebten Menschen tun würden.

„In diesem wichtigen Buch erhellt Christopher Germer die unendliche Vielzahl von Synergien, die zwischen Achtsamkeit und Mitgefühl bestehen. Er zeigt effektive Wege auf, wie wir auf geschickte Weise sicherstellen können, dass wir uns selbst einladen, im liebevollen Herzen des Gewahrseins selbst zu verweilen."

Jon Kabat-Zinn

ISBN 978-3-86781-145-3

Auch als E-Book erhältlich

Susan Pollak

Selbstmitgefühl für Eltern

Sorge für dein Kind,
indem du für dich selbst sorgst

Die erfahrene Psychotherapeutin Susan Pollak zeigt anhand einer Fülle von Fallstudien und Übungen, wie achtsames Selbstmitgefühl in jeder Phase der Elternschaft zur entscheidenden Ressource werden kann. Aufbauend auf dem bewährten MSC-Programm, stellt sie ein maßgeschneidertes Sortiment an hilfreichen Übungen für Eltern zusammen, um allen Herausforderungen der Elternschaft von der Geburt bis zum Flüggewerden der Kinder mit Achtsamkeit und Liebe zu begegnen.

ISBN 978-3-86781-279-5

Kristin Neff & Christopher Germer

Achtsames Selbstmitgefühl bei Stress und Burnout

Wege, sich von Stress und Erschöpfung zu befreien und neue Ressourcen aufzubauen

Jedes Kapitel in diesem anregenden Buch bietet ein Fallbeispiel für Menschen an ihrer Belastungsgrenze und eine leicht anwendbare Übung in Selbstmitgefühl, die ein einfaches Anti-Burnout-Werkzeug bereitstellt. Die Leserinnen und Leser lernen, wie sie schnell und wirkungsvoll ihre mentalen Batterien aufladen, Stress abbauen und vor allem gut zu sich selbst sein können – damit sie für sich und andere da sein können.

ISBN 978-3-86781-428-7

Seminare und Weiterbildungen

Informationen zu Seminaren und Weiterbildungen zum Thema Achtsames Selbstmitgefühl (MSC) bietet die Arbor Seminare gGmbH an. Weitere Informationen finden Sie online unter

www.arbor-seminare.de

Inspiration und Wissenswertes rund um das Thema Achtsamkeit

Hier finden Sie Interviews von Expertinnen und Experten, Praxisanleitungen, Artikel, Vorträge, Online-Kurse und Web-Seminare zu unserem Herzensthema Achtsamkeit:

www.arbor-online-center.de